高等职业教育新形态精品教材

基础会计模拟实训教程
（活页式教材）

主　编　丁　剑　金延梅
副主编　郑滢滢　胡　艳　郭虹莲
参　编　孔玲玲　姜善姬　孙乔乔

北京理工大学出版社
BEIJING INSTITUTE OF TECHNOLOGY PRESS

内 容 简 介

本书主要针对的是高职会计类专业一年级学生，采用项目化、任务驱动式教学方法。

本书共分为两个部分，第一部分为基础会计分项模拟实训，分别从会计基础书写、填制与审核会计凭证、启用与登记会计账簿、编制财务会计报告和管理会计档案等几个项目开展分项训练；第二部分为基础会计综合模拟实训，包括手工基础会计综合模拟实训和信息化基础会计综合模拟实训两个项目，以中小型工业企业典型业务为主线，进行小组分工操作，从建立相关账簿开始，直至编制财务报表为止，完成一个完整、系统、综合的任务，重点强调会计、出纳、制单、成本计算等岗位的配合与核算工作流程，充分体现业财一体信息化的理念，全面提升学生的实际操作能力。此外，本书配有对应的在线课程、实训参考答案、二维码答案扫描等教学资源，方便教师教学和学生学习使用。

本书可作为高等职业教育会计类学生学习用书，也可作为社会相关人员培训用书。

版权专有　侵权必究

图书在版编目（CIP）数据

基础会计模拟实训教程 / 丁剑，金延梅主编. -- 北京：北京理工大学出版社，2023.10
ISBN 978-7-5763-2982-7

Ⅰ.①基… Ⅱ.①丁… ②金… Ⅲ.①会计学－高等学校－教材 Ⅳ.①F230

中国国家版本馆CIP数据核字（2023）第189762号

责任编辑：王俊洁		**文案编辑**：徐春英	
责任校对：周瑞红		**责任印制**：施胜娟	

出版发行 /	北京理工大学出版社有限责任公司
社　　址 /	北京市丰台区四合庄路6号
邮　　编 /	100070
电　　话 /	（010）68914026（教材售后服务热线）
	（010）68944437（课件资源服务热线）
网　　址 /	http://www.bitpress.com.cn
版 印 次 /	2023年10月第1版第1次印刷
印　　刷 /	河北鑫彩博图印刷有限公司
开　　本 /	787 mm × 1092 mm　1/16
印　　张 /	17
字　　数 /	368千字
定　　价 /	59.80元

图书出现印装质量问题，请拨打售后服务热线，负责调换

前 言

本书以财政部颁布的《企业会计准则》《基础会计工作规范》及最新的税收法规为依据，结合高等职业教育会计及相关专业标准中会计实训的课程标准，为高职会计类专业一年级学生基础会计模拟实训进行编写，因此，在实训资料的选择上尽量浅显易懂，与《基础会计》理论课相配套。

本书采用任务驱动式教学方法，以一个中小型工业企业的典型交易或事项为依据，按照会计工作流程，从建账到填制、审核会计凭证、登记账簿、成本计算、财产清查，编制财务报表，通过一系列实训，使学生完整地掌握会计核算的基本流程。此外，本书将手工会计核算与会计信息化进行结合，全面提升学生能力。本书与其他基础会计模拟实训教材相比，具有以下特点：

1. 提取典型任务，构建实训内容

本书是由实践教学经验丰富的专业课教师团队完成的，是基于企业会计工作过程设计的，实训项目与内容和企业会计工作的任务与过程是完全一致的，在编写过程中，深入企业生产一线和财务公司进行调研，取得大量素材和业务资料，进行系统的综合组织脱敏编写而成，最大限度地还原了会计工作原貌，锻炼学生的职业判断能力，从而促进会计专业教学与今后就业需求之间的"无缝对接"，为今后从事相关工作打下扎实的基础。

2. 结合学生认知，提升发展能力

深入分析了课程体系架构中，专业实践课程"基础会计实训"的内容定位，结合学生的认知特点，本书共分为两个部分，第一部分为基础会计分项模拟实训，由基本技能和会计核算方法入手，使学生掌握规范的会计书写、会计核算方法，以及会计档案的整理、保管方法；第二部分为基础会计综合模拟实训，分为手工模拟和信息化模拟两个项目，使学生从总体上掌握会计核算程序并提升学生信息化处理能力，有助于学生了解会计发展的趋势及掌握会计职业标准，为今后"1+X"证书的考取奠定基础。

3. 创新教材形式，强化课训衔接

本书创新了教材形式，尝试建设丰富的数字化教学资源，即同时建设《基础会计模拟实训》开放课程，这些资源重点突出，实用性强，做到课程与教材的相互融入，所选用的经济业务资料的前后一致，保证了会计核算过程的连贯性，从而更增强了学生对会计核算过程的了解，为院校培养会计专门人才提供有效的教学资源。

4. 明确育人目标，融入思政案例

本书将二十大报告相关内容与专业知识内容相融合，通过失信、违法、违规等财经案例讲解，培养学生的财经法律意识，提升专业素养及社会责任感，具备发现问题的敏锐性和判断力，提升学生探索性和批判性思维能力。通过对会计难点和特殊事项会计处理方法及实际案例的分析，培养学生解决问题的信心和稳定的心理素质，提升学生实践创新能力，开阔学生的视野，提升分析和判断能力，加强民族经济发展的自信心，激发学生的爱国情怀。

由于编者水平有限，对实际工作的研究不够全面，书中难免出现缺点与错误，期待实训指导教师和同学的批评指正，不断进步与完善。

编　者

目 录

第一部分 基础会计分项模拟实训

项目一 会计基础书写 ··· 2
    任务一 会计数字的书写 ··· 3
    任务二 会计文字的书写 ··· 6
    任务三 大、小写金额的书写和转换 ·· 8
    任务四 票据出票日期的书写和票据的填写 ·· 11

项目二 填制与审核会计凭证 ·· 18
    任务一 识别原始凭证 ·· 19
    任务二 填制原始凭证 ·· 23
    任务三 审核原始凭证 ·· 27
    任务四 填制记账凭证 ·· 31
    任务五 审核记账凭证 ·· 39

项目三 启用与登记会计账簿 ·· 51
    任务一 启用总账、明细账、日记账 ··· 53
    任务二 登记总账、明细账、日记账 ··· 60
    任务三 结　账 ··· 69

项目四 编制财务会计报告 ··· 77
    任务一 认知财务报告 ·· 78
    任务二 编制资产负债表 ··· 84

任务三　编制利润表 ··· 88

项目五　管理会计档案 ·· 93
　　任务一　装订会计凭证 ·· 94
　　任务二　装订会计账簿 ·· 97
　　任务三　装订会计报表 ·· 99
　　任务四　立卷、整理和归档会计档案 ··· 100
　　任务五　保管、借阅和销毁会计档案 ··· 104

第二部分　基础会计综合模拟实训

项目六　基础会计综合模拟实训（手工） ·· 110
　　一、实训企业期初建账资料 ··· 113
　　二、实训企业期末表格 ·· 116
　　三、实训企业本期经济业务资料 ··· 119
　　四、实训企业本期经济业务原始凭证 ·· 124

项目七　基础会计综合模拟实训（信息化） ·· 255
　　综合实训期初信息化初始设置资料 ··· 256
　　综合实训信息化日常业务处理 ·· 265
　　综合实训信息化报表编制 ··· 265

参考文献 ··· 266

第一部分

基础会计分项模拟实训

项目一

会计基础书写

案例导入

卖小麦的老太被诉不当得利

家住某市的黄老太因为向某面业公司卖了一次小麦,两天后却被该公司起诉到了法院。面对纠纷,原、被告双方各执一词,争执不下。这究竟是怎么一回事呢?

某面业公司诉称,黄老太到其公司销售小麦,小麦单价为2.40元/千克,共计427.20元,出票时,员工大意将小写金额错写为4 272元,财务便直接支付了黄老太小麦款4 272元,后黄老太不承认此事。被告黄老太辩称,原告起诉的内容不属实,自己当时仅收到小麦款427.20元,没有多收原告小麦款。为支持自己的主张,面业公司提供了入库单及视频资料,以证明多支付给黄老太3 844.80元。黄老太未提供证据。

最后法院认为,涉诉合同为及时履行合同,且原、被告已履行完毕。原告认为,在本次交易中,其向被告多支付货款构成不当得利,要求被告返还,依据《中华人民共和国民法典》第九百八十五条:"得利人没有法律根据取得不当利益的,受损失的人可以请求得利人返还取得的利益"的规定,不当得利构成要件中,取得利益没有合法根据并非单纯的消极事实,先有一方的给付才有一方的受付,认定有无合法根据,需要有足够的证据予以证实,使不当得利请求权达到足以令人信服的标准。原告以其员工将入库单小写金额错误书写为4 272元,并以此要求被告返还差额,原告虽然提供有视频资料,但该视频资料影像模糊,无法辨认视频中领款人即为被告本人,被告对此亦不认可,鉴此,由于原告未提供充分的辅助证据予以证实,因此,法院对原告的诉讼请求不予支持。

案例解读与思考

会计工作复杂多样,所以从事这项工作一定要认真,认真,再认真。正确、准确书写会计数字是会计人员的一项基本功,看似简单,做起来却不易,优秀的会计人员必须做到"精细、精准、精确"。要树立学生职业规范的意识,培养认真细致的行为习惯。

知识目标

1. 理解会计书写规范的意义。
2. 掌握会计书写的基本规范。
3. 掌握会计数字书写的规范。
4. 掌握会计文字书写的规范。
5. 掌握会计大、小写金额书写的规范。
6. 掌握票据出票日期书写的规范。

能力目标

1. 能按照会计数字书写规范书写会计数字。
2. 能按照会计文字书写规范书写会计文字。
3. 能按照大、小写金额书写规范书写和转换大、小写金额。
4. 能按照票据出票日期书写规范填写票据日期。
5. 能按照会计数字、会计文字、会计大小写金额、票据出票日期书写规范填写票据。

素质目标

1. 培养学生爱岗敬业的职业能力。
2. 强化学生诚实守信的职业能力。
3. 提高学生基本职业技能的能力。

任务一 会计数字的书写

【实训目的】

通过训练，学生能够掌握会计数字的书写要求，做到书写标准和规范。

【实训任务】

【业务1】使用会计书写练习纸，进行书写练习。

要求：从左向右的顺序，按照书写规范，依次书写会计数字，反复多次练习，增强书写熟练度。

示范：

【业务2】使用会计凭证，进行书写练习。

要求：在凭证金额栏，从左向右的顺序，按照书写规范，依次书写会计数字，反复练习，增强熟练度。

示范：

【业务3】使用会计账页，进行书写练习。

要求：与业务2的会计凭证相同，在账页金额栏，从左向右的顺序，按照书写规范，依次书写会计数字，反复练习增强熟练度。

【业务4】采用划线更正法，进行会计数字的更正练习。

十	万	千	百	十	元	角	分
				3	9		
			7	7	8	3	5
		1	2	3	1	4	7
		1	3	2	4		
3	5	4	9				

要求：找出错误的会计数字更正，并进行正确的更正。

解答：第一行会计数字更正时，未把全部数字划红线，只划了两位数字；第二行会计数字更正时，未把数位补齐再划红线，空位应用"0"补齐；第三行会计数字更正时，未在错误数字上方更正，而是在同行更正，而且也未把数位补齐再划红线。

示范：

十	万	千	百	十	元	角	分
			7	3	9	3	5
			7	7	8	3	5
		1	2	3	1	4	7
		1	3	2	4	0	0
		4	9	0	0	0	0
3	5	0	0	0	0	0	0

【实训引导】

会计数字的书写规范

一、会计书写规范的意义

会计工作离不开书写,没有规范的书写就没有会计工作质量。书写规范是衡量一个会计工作人员职业素养的标准。一个合格的会计人员,首先书写应当规范,这样才能正确、清晰地书写计算结果,为决策者提供准确、可靠的会计信息,更好地为经济决策服务。

二、会计书写的基本规范

(1) 正确。正确是指对业务发生过程中的数字和文字要准确、完整地记录下来,是书写的基本前提。只有对所发生的经济业务正确地反映出其发生的全过程、内容及结果,书写才有意义。

(2) 规范。规范是指对有关经济活动的记录书写一定要符合财会法规和会计制度的各项规定,符合对财会人员的要求。无论是记账、核算、分析、编制报表,都要书写规范,数字准确,文字适当,分析有理,要严格按书写格式进行书写,文字以国务院公布的简化汉字为标准,数字按规范要求书写。

(3) 清晰。清晰是指字迹清楚,容易辨认,账目条理清晰,使人一目了然,无模糊不清之感。

(4) 整洁。整洁是指账面干净、清洁,文字、数字、表格条理清晰,整齐分明。书写字迹端正,大小均匀,无参差不齐及涂改现象。

(5) 美观。书写除准确、规范、整洁外,还要尽量使结构安排合理,字迹流畅、大方,给人以美感。

三、会计数字的书写规范

(1) 字体要自右上方向左下方倾斜60°书写。
(2) 数字不得连笔写,应当一个一个地写。
(3) 字体大小均衡,各自成形,排列整齐。
(4) 有圆的数字,圆圈必须封口,如6、8、9、0等。
(5) 同行的相邻数字之间应空出半个数字的位置。
(6) 数字应紧靠底线书写,字体高度占行格高度的1/2,留有改错的空间。
(7) "6"书写时向右上方长出1/4,"7""9"书写时向左下方长出1/4。

会计数字的书写

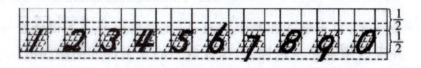

四、会计数字书写的更正

会计数字书写发生了错误,就要进行更正。更正数字要规范化,不能在原来的数字上涂改、挖补、乱擦、贴纸,用修正液或消字灵消除痕迹,而应当采用划线更正法进行更正。

划线更正法又称红线更正法。在每月结账前,发现账簿记录中的文字或数字有错误,而其所依据的记账凭证没有错误,即纯属记账时笔误或计算错误。

更正方法:应将错误的文字或数字用一条红色横线全部予以注销,红线不能过粗,要能看到被划掉的原数据,在划线文字或数字的上方用蓝色笔或黑色笔将正确的文字或数字填写在同一行的上方位置,并由更正人员在更正处签章。

【知识链接】

会计数字的书写与数学或汉文字学中写法不一致

从字体上讲,既不能把这些数字写成刻板划的印刷体,也不能把它们写成难以识别的草体字,更不能追求书写形式把它们写成美术体。从数字本身所占位置看,既不能把数字写满格,占满行,又不能把字写得太小,密密麻麻,让人不易辨清楚,更不能超越账页上既定的数格。

从字形上看,既不能让数字垂直上下,也不能歪斜过分,更不能左倾右斜,毫无整齐感。书写后要让人看着合乎要求,既流利又美观,还方便纠错更改。

总而言之,会计数字的书写与一般书写汉字有所不同,且已经约定俗成,形成会计数字书写格式。

任务二　会计文字的书写

【实训目的】

通过训练,学生能够掌握会计文字的书写要求,做到书写标准和规范。

【实训任务】

【业务1】按照书写要求,使用会计书写练习纸,进行会计文字书写练习。

要求:从左向右的顺序,按照书写规范,依次书写会计文字。

壹	贰	叁	肆	伍	陆	柒	捌	玖	零	拾	佰	仟	万	亿	圆

示范：

| 壹 | 贰 | 叁 | 肆 | 伍 | 陆 | 柒 | 捌 | 玖 | 零 | 拾 | 佰 | 仟 | 万 | 亿 | 圆 |

【业务2】采用划线更正法，进行会计文字的更正练习。

			~~柒~~	叁 ~~柒~~	玖 捌	~~叁~~	伍
		壹 壹	贰 ~~叁~~	叁 ~~贰~~	壹 ~~肆~~	肆 肆	柒 柒
伍 ~~柒~~	玖 ~~肆~~	贰	伍	伍	陆	壹	贰

要求：判断下列会计文字错误更正方法是否正确，如不正确，则指出错误之处并采用正确的方法进行更正。

解答：第一行会计文字更正时，把全部文字划红线，只需将两位错误文字划线；第二行会计文字更正时，把全部文字都重新书写，只需将错误文字在上方重新书写；第三行会计文字划线和更正均正确。

示范：

			柒	叁 ~~柒~~	玖 捌	叁	伍
		壹 壹	贰 ~~叁~~	叁 ~~贰~~	壹 肆	肆 肆	柒 柒
伍 ~~柒~~	玖 ~~肆~~	贰	伍	伍	陆	壹	贰

【实训引导】

会计文字的书写规范

一、字体大小均衡、排列整齐、字迹工整。

二、字体为正楷或行书，不得连笔书写。

三、字体不能为简化字，如不得用"0、一、二、三、四、五、六、七、八、九、十"等简化字代替。

会计文字的书写

【知识链接】

摘要的书写

会计文字书写中，一部分是摘要的书写，包括记账凭证摘要、各种账簿摘要，摘要记录经济业务的简要内容，填写时应用简明扼要的文字反映经济业务概况。

摘要书写要以原始凭证为依据，正确反映经济业务的内容，文字少而精，书写字体占格的 1/2 为宜，字迹与文字书写要求相同，要工整、清晰、规范，不同类型的经济业务填写摘要栏没有统一格式，但同一类型的经济业务填写摘要时，文字表达是有章可循的。

任务三　大、小写金额的书写和转换

【实训目的】

通过训练，学生能够掌握会计大、小写金额的书写要求，做到书写和转换标准规范。

【实训任务】

【业务1】 练习会计大写金额数字的书写和转换。

（1）¥234.67

（2）¥3,005.89

（3）¥45,005.07

（4）¥300.00

（5）¥0.34

解答：

（1）¥234.67　　　　人民币贰佰叁拾肆元陆角柒分

（2）¥3,005.89　　　　人民币叁仟零伍元捌角玖分

（3）¥45,005.07　　　　人民币肆万伍仟零伍元零柒分

（4）¥300.00　　　　人民币叁佰元整

（5）¥0.34　　　　人民币叁角肆分

【业务2】 练习会计小写金额数字的书写和转换。

（1）人民币叁仟零伍拾元柒角陆分

（2）人民币贰万肆仟元零壹角陆分

（3）人民币贰佰捌拾玖元零柒分

（4）人民币壹拾玖元整

（5）人民币叁拾万零肆仟零伍拾元陆角柒分

解答：

（1）人民币叁仟零伍拾元柒角陆分　　　　¥3,050.76

（2）人民币贰万肆仟元零壹角陆分　　　　¥24,000.16

（3）人民币贰佰捌拾玖元零柒分　　　　¥289.07

（4）人民币壹拾玖元整　　　　　　　　　　￥19.00
（5）人民币叁拾万零肆仟零伍拾元陆角柒分　　￥304,050.67

【实训引导】

会计大、小写金额的书写规范

一、大写金额数字的书写

（1）大写金额数目字和数位名两者缺一不可，要规范用字，切不可自选字，以防篡改。

例如：￥15.23

正确书写应该为：人民币壹拾伍元贰角叁分。

（2）大写金额栏一般都印有"人民币"字样，数字应紧连"人民币"后面书写，不得留空位。

例如：￥7,427.00

正确书写应该为：人民币柒仟肆佰贰拾柒元整。

（3）大写金额中间有连续几个零的，只写一个零。

例如：￥10,001.00

正确书写应该为：人民币壹万零壹元整。

（4）大写金额数字角位是零，分不是零，写零几分。

例如：￥4,305.08

正确书写应该为：人民币肆仟叁佰零伍元零捌分。

（5）大写金额元位和万位都是零，写哪个零都行。

例如：￥104,500.66

正确书写应该为：人民币壹拾万零肆仟伍佰元陆角陆分或人民币壹拾万肆仟伍佰元零陆角陆分。

（6）大写金额元位或者万位是零，写不写零都行。

例如：￥901,177.35

正确书写应该为：人民币玖拾万零壹仟壹佰柒拾柒元叁角伍分或人民币玖拾万零壹仟壹佰柒拾柒元叁角伍分。

（7）大写金额到元为止的，在"元"字之后应当写"整"字或者"正"字。

例如：￥1,361.00

正确书写应该为：该为人民币壹仟叁佰陆拾壹元整（或正）。

（8）大写金额到角为止的，在"角"字之后可以写"整"字或者"正"字，也可以不写。

例如：￥430.60

正确书写应该为：人民币肆佰叁拾元陆角或人民币肆佰叁拾元零陆角整（或正）均可。

（9）大写金额数字有分的，分字后面不写"整"字或者"正"字。

例如：￥54,626.38

正确书写应该为：人民币伍万肆仟陆佰贰拾陆元叁角捌分。

注意：大写金额壹拾几的"壹"字不得漏写。

二、小写金额数字的书写

（1）书写小写金额时，数字前面应当书写货币币种或者货币名称简写和币种符号。币种符号与数字之间不得留有空白，以防止金额数字被人涂改。

例如：人民币陆仟贰佰叁拾伍元整

正确书写应该为 ¥6,235.00。

（2）书写小写金额时，凡是数字金额前写有币种符号的，数字金额后面不再写货币单位。

例如：人民币肆仟捌佰陆拾捌元整

正确书写应该为 ¥4,868.00。

（3）在没有位数分隔线的凭证、账、表上，所有以元为单位的阿拉伯数字，除表示单价等情况外，一律写到角分；无角分的，角位和分位可写"00"或"-"。

例如：人民币壹佰元整

正确书写应该为 ¥100.00 或 100.-。

（4）在没有位数分隔线的凭证、账、表上，所有以元为单位的阿拉伯数字，有角无分的，分位应当写"0"，不得以符号"-"代替。

例如：人民币壹佰元伍角整

正确书写应该为 ¥100.50。

（5）在没有位数分隔线的凭证、账、表上，所有以元为单位的阿拉伯数字，只有分位金额的，在元和角位上各写一个"0"，并在元与角之间点一个小数点。

例如：人民币陆分

正确书写应该为 ¥0.06。

（6）在没有位数分隔线的凭证、账、表上，小写金额的整数部分可以从小数点向左按照"三位一节"用分位点","分开或加 1/4 空分开。

例如：人民币陆佰玖拾肆万柒仟壹佰叁拾元柒角贰分

正确书写应该为 ¥6,947,130.72 或 ¥6 947 130.72。

（7）在有数位分隔线的凭证、账、表上，小写金额对应固定的位数填写，不得错位，从最高位起，后面各数位格数字必须写完整。

例如：¥12,529.84

（8）在有数位分隔线的凭证、账、表上，小写金额只有分位金额的，在元和角位上均不得写"0"。

例如：¥0.05

（9）在有数位分隔线的凭证、账、表上，小写金额只有角位或角分位金额的，在元位上不得写"0"。

例如：¥0.80 或 ¥0.88

（10）在有数位分隔线的凭证、账、表上，小写金额角位和分位都是"0"的，在角分位上各写一个"0"，不能采用划线等方法代替。

例如：¥3,955.00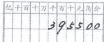

【知识链接】

合同上的金额大小写

合同上的金额通常写阿拉伯数字加中文大写数字，因为阿拉伯数字简洁但容易被篡改，因此要加上中文大写数字一并注明，防止合同金额被篡改而产生争议。合同只要签字或者盖章即成立，金额条款只要明确即可，一般情况下不影响合同效力。

任务四 票据出票日期的书写和票据的填写

【实训目的】

通过训练，学生能够掌握会计票据出票日期和票据的书写、填写要求，做到书写和填写的标准和规范。

【实训任务】

【业务1】练习会计出票日期的书写和转换。

（1）2023 年 5 月 11 日
（2）2023 年 10 月 20 日
（3）2023 年 10 月 30 日
（4）2023 年 1 月 15 日
（5）2023 年 2 月 10 日

解答：
（1）贰零贰叁年伍月壹拾壹日
（2）贰零贰叁年零壹拾月零贰拾日
（3）贰零贰叁年零壹拾月零叁拾日
（4）贰零贰叁年零壹月壹拾伍日

（5）贰零贰叁年零贰月零壹拾日

【业务2】使用现金支票，进行会计票据的书写练习。

【资料】2023年12月2日，北京绮梦纺织品有限公司支付备用金10000元，请根据资料信息填制现金支票。（支付密码：6930-2577-0631-0389，付款银行：中国建设银行北京市大兴区支行，出票人账号：41622124713376，银行预留印鉴：北京绮梦纺织品有限公司财务专用章＋法定代表人私章：闫瑞）。

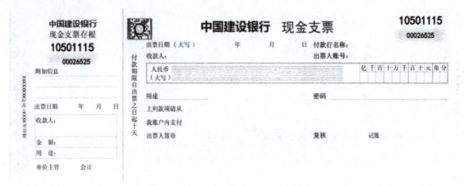

解答：业务2"现金支票"正确填写方法如下。

【业务3】使用转账支票，进行会计票据的书写练习。

【资料】2023年9月3日，北京绮梦纺织品有限公司支付货款给南通嘉利布业有限公司33900元，请根据资料信息填制转账支票。（支付密码：5296-8709-2679-8672，付款银行：中国建设银行北京市大兴区支行，出票人账号：41622124713376，银行预留印鉴：北京绮梦纺织品有限公司财务专用章＋法定代表人私章：闫瑞）。

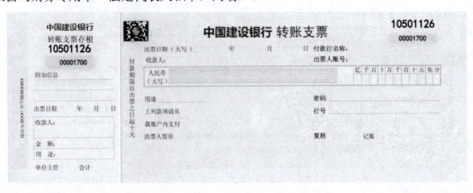

解答：业务3"转账支票"正确填写方法如下。

【实训引导】

出票日期的书写和票据的填写

一、出票日期"年"的书写

"年"的写法：按照数字顺序依次大写。

二、出票日期"月"的书写

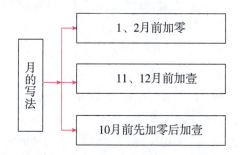

三、出票日期"日"的书写

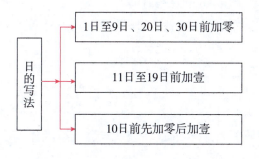

例如：

（1）2023年1月1日　贰零贰叁年零壹月零壹日

（2）2023年2月20日　贰零贰叁年零贰月零贰拾日

（3）2023 年 3 月 11 日　　贰零贰叁年叁月壹拾壹日

（4）2023 年 10 月 10 日　　贰零贰叁年零壹拾月零壹拾日

（5）2023 年 12 月 5 日　　贰零贰叁年壹拾贰月零伍日

四、票据的填写（以支票填写为例）

支票是出票人签发的，委托银行或者其他金融机构在见票时，无条件支付一定金额给收款人或者持票人的票据。企业在日常工作中涉及的支票有现金支票和转账支票。

（一）现金支票

1. 含义

现金支票是专门制作的企业用于支取现金的一种支票。由存款人签发用于到银行为本单位提取现金，也可以委托银行代为支付现金给收款人或签发给其他单位和个人用来办理结算。

2. 用途

现金支票不能转账，只能支取现金。

3. 填写

（1）支票左部分是"现金支票存根联"是签发方做记账凭证需要的，所以左边内容填写时都可以使用小写。

（2）支票的右部分是企业在银行取现的凭据，银行要求比较严谨，所以必须按银行的要求来填写：

现金支票填写

①出票日期：支票正联出票日期必须使用中文大写，应填写实际出票日期，出票日期用大写填写是为了防止变造支票的出票日期；

②收款人：填写本单位全称，应与单位印章名称保持一致；

③付款行名称：填写出票人付款行的账号，应与开户行名称、开户账号一致；

④人民币金额：大写金额与"人民币"间不能空格，小写前面要加"￥"符号；

⑤用途：按真实用途填写，如提取备用金、差旅费等；

⑥密码：在支付密码器上获取随机密码后填入；

⑦出票人签章：此处应加盖企业在银行的预留印鉴，一般是企业财务专用章和法人代表印章（法人代表人名章），盖章要清晰，不能有重影。

（二）转账支票

1. 含义

当客户不用现金支付收款人的款项时，可签发转账支票，自己到开户银行或将转账支票交给收款人到开户银行办理支付款项手续。

2. 用途

转账支票只能用于转账，不能用于提取现金。

3. 填写

转账支票的填写同现金支票一样,也是非常严格的,基本要求如下:

(1) 签发支票应使用碳素墨水或墨汁填写;

(2) 大、小写金额必须一致;

(3) 字迹应清晰工整,不得涂改;

(4) 正联上的日期要使用大写,金额填写应符合要求,收款人应为收款单位全称,存根联上填写主要信息,如金额、公司、日期等,金额和日期都用小写。

转账支票填写

【知识链接】

票据日期必须大写,为什么电汇可以小写?

根据《中华人民共和国票据法》的规定,票据日期需要大写,票据指的是汇票、本票和支票,并不包括电汇,因此电汇可以是小写的形式。《中华人民共和国票据法》规定:"在中华人民共和国境内的票据活动,适用本法。本法所称票据,是指汇票、本票和支票。"

【单项实训练习】

1. 使用会计书写练习纸,进行会计数字的书写练习

2. 使用会计书写练习纸,进行会计文字的书写练习

壹	贰	叁	肆	伍	陆	柒	捌	玖	拾	零	佰	仟	万	亿	元

3. 将下列小写金额用汉字大写金额表示

(1) ¥100,000.00

(2) ¥7,605.30

(3) ¥280,009.07

(4) ¥0.64

(5) ¥3,750,002.93

(6) ¥17.00

(7) ¥2,006.04

(8) ¥9,300.50

（9）¥0.60

（10）¥700,000.42

4. 将下列汉字大写金额用小写金额表示

（1）人民币叁佰元壹角伍分

（2）人民币伍万陆仟贰佰陆拾元贰角捌分

（3）人民币贰仟捌佰元零陆分

（4）人民币壹拾陆元整

（5）人民币壹拾叁万零陆元整

（6）人民币叁仟元整

（7）人民币柒分

（8）人民币叁佰万零柒佰伍拾元贰角叁分

（9）人民币壹亿零陆佰零柒万零伍佰零肆元零壹分

（10）人民币伍仟零贰拾捌万玖仟肆佰壹拾贰元玖角整

5. 将下列日期用汉字大写表示

（1）2023 年 1 月 1 日

（2）2023 年 2 月 6 日

（3）2023 年 3 月 12 日

（4）2023 年 10 月 20 日

（5）2023 年 11 月 10 日

（6）2023 年 12 月 30 日

（7）2023 年 5 月 15 日

（8）2023 年 8 月 30 日

（9）2023 年 1 月 16 日

（10）2023 年 7 月 25 日

6. 正确填写现金支票

2023 年 1 月 20 日，北京绮梦纺织品有限公司签发现金支票一张，金额为 5000 元，备用。（支付密码：6002-6664-0961-0062，付款银行：中国建设银行北京市大兴区支行，付款账号：41622124713376，银行预留印鉴：北京绮梦纺织品有限公司财务专用章+法定代表人私章：闫瑞）。

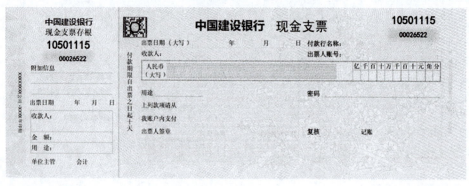

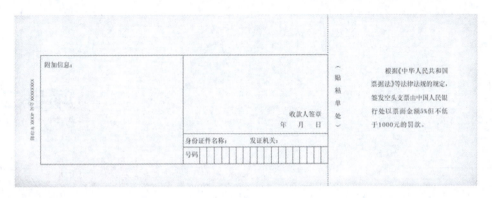

7. 正确填写转账支票

2023年10月5日,北京绮梦纺织品有限公司签发转账支票一张,金额为10000元,偿付前欠加利公司货款。(支付密码:3287-1510-1095-5420,付款银行:中国建设银行北京市大兴区支行,付款账号:41622124713376,银行预留印鉴:北京绮梦纺织品有限公司财务专用章+法定代表人私章:闫瑞)。

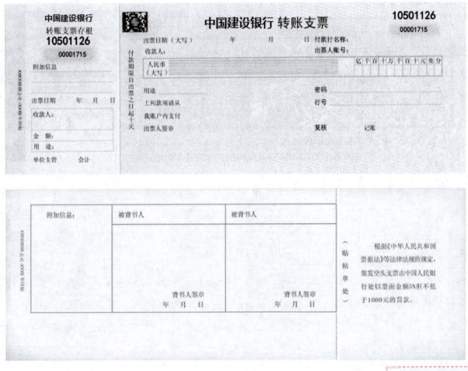

单项实训练习参考答案

项目二

填制与审核会计凭证

案例导入

为挪用公款炒股，制造假凭证，结果悲剧了！

某市某控股集团报警，声称其下属某房地产开发公司有员工挪用公款，经当地经侦大队深入调查后查出：该房地产开发公司财务部部长李某，从2018年至2020年多次制作虚假票证挪用公款200余万元，作为会计胡某明知李某的不法行为，但看在老乡的情面上，还帮助其挪用公款，并获得5万元"好处费"。东窗事发时，大部分款项已被李某投入股市，并且所剩不多。经盘问挪用公款的原因是在股市炒股发生巨额亏损，想挪用公款翻本，结果钱没回本，还换来了牢狱之灾。

《中华人民共和国刑法》第二百零九条第二款规定：伪造、擅自制造或者出售伪造、擅自制造的前款规定以外的其他发票的，处二年以下有期徒刑、拘役或者管制，并处或者单处一万元以上五万元以下罚金；情节严重的，处二年以上七年以下有期徒刑，并处五万元以上五十万元以下罚金。

《中华人民共和国刑法》第二百七十二条第一款规定：公司、企业或其他单位工作人员，利用职务上的便利，挪用本单位资金归个人使用或者借贷给他人，数额较大，超过三个月未还的，或者虽未超过三个月，但数额较大、进行营利活动的，或者进行非法活动的，处三年以下有期徒刑或者拘役；挪用本单位资金数额巨大的，处三年以上七年以下有期徒刑；数额特别巨大的，处七年以上有期徒刑。

案例解读与思考

会计工作是一个全面、连续、系统、综合的过程，填制和审核会计凭证是日常会计工作的起点和关键，是后续工作的依据，尤其是原始凭证，是用以记录和证明经济业务发生或完成情况的凭证。财务人员在填制与审核原始凭证过程中，对所发现的不真实、不合法的原始凭证，有权不予接受，并向单位负责人报告，这是会计人员的职业操守。会计人员应具备实事求是、坚持准则的工作作风，德法兼备的态度，不能顾及个人情面或者为一己私利而与违法行为同流合污，要时刻保持风险防范意识。

思考：在工作中如何坚持准则。

知识目标

1. 理解会计凭证的含义。
2. 掌握会计凭证填制的基本要求。
3. 掌握会计凭证的基本要素。
4. 掌握会计凭证的审核内容。

能力目标

1. 能按照原始凭证填制的基本要求填制原始凭证。
2. 能够识别原始凭证的经济意义。
3. 能按照原始凭证的审核要求审核原始凭证，并正确处理不完整、不准确及不合法的原始凭证。
4. 能按照记账凭证填制的基本要求选择并填制各类记账凭证。
5. 能按照记账凭证的审核要求审核记账凭证。

素质目标

培养学生客观、公正的能力，强化学生坚持准则，培养学生基本职业技能能力。

任务一　识别原始凭证

【实训目的】

通过实训，学生能够认识会计常用的票据，明确票据分类，具有识别真假票据的能力。

【实训任务】

判断以下会计资料是否可以作为原始凭证来编制记账凭证，若可以请按来源划分原始凭证类别。

【业务1】增值税专用发票。

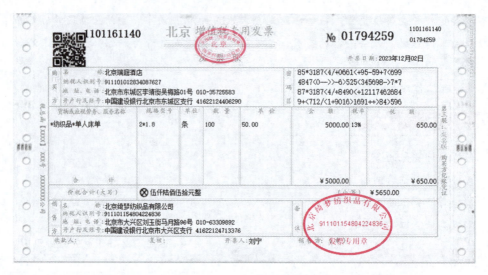

解答:"增值税专用发票"可以作为原始凭证,按来源划分属于外来原始凭证。

【业务2】工资结算明细表。

绮梦公司工资结算明细表

2023 年 11 月 30 日

姓名	基本工资	奖金	应付工资	养老保险	医疗保险	失业保险	个税	扣款合计	实发工资
闫瑞	4,000.00	1,000.00	5,000.00	400.00	100.00	25.00		525.00	4,475.00
李杰	3,500.00	500.00	4,000.00	320.00	80.00	20.00		420.00	3,680.00
……	……	……	……	……	……	……	…	……	……
赵爱东	3,500.00	500.00	4,000.00	320.00	80.00	20.00		420.00	3,680.00
合计			220,720.00					5,520.00	215,200.00

解答:"工资结算明细表"可以作为原始凭证,按来源划分属于自制原始凭证。

【业务3】银行存款余额调节表。

银行存款余额调节表

开户行及账号:×××××××××× 金额单位:元

项目	金额	项目	金额
企业银行存款日记账余额	40,000	银行对账单余额	10,000
加:银行已收、企业未收款	80,000	加:企业已收、银行未收款	60,000
减:银行已付、企业未付款	70,000	减:企业已付、银行未付款	20,000
调节后的存款余额	50,000	调节后的存款余额	50,000

解答："银行存款余额调节表"不能作为原始凭证来编制记账凭证。它是一种对账记录或对账工具，不能作为调整银行存款账面记录的依据，编制目的主要是核对账目。

【实训引导】

识别原始凭证

一、会计凭证

会计凭证是记录经济业务的发生和完成情况的书面证明，是登记账簿的依据，填制和审核会计凭证是会计核算工作的起点和基础。

会计凭证按其填制的程序和用途不同，可分为原始凭证和记账凭证。

二、原始凭证

原始凭证又称单据，是指在经济业务发生或完成时取得或填制的，用以记录或证明经济业务发生或完成情况的原始凭据。原始凭证是会计核算的原始资料和重要依据，如领料单、收据、各种转账结算凭证等。

凡是不能证明经济业务已经发生或完成情况的各种书面文件，均不能作为原始凭证据以入账，如"购料申请单""购销合同""银行对账单""银行存款余额调节表"等。

（一）原始凭证的种类

原始凭证可以按照取得来源、格式、填制的手续和内容等进行分类。

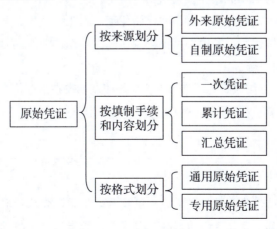

1. 按取得来源不同分类

（1）外来原始凭证。外来原始凭证是指企业或个人，在与外单位发生经济往来关系时，从外单位取得的原始凭证。如"增值税专用发票""飞机票""车票""进账单"等。外来原始凭证一般都是一次凭证。

（2）自制原始凭证。自制原始凭证是指由本单位有关部门和人员，在执行或完成某项经济业务时填制的，仅供本单位内部使用的原始凭证。如"材料入库单""工资表""制造费用分配表""固定资产折旧表"等。

外来原始凭证

自制原始凭证

2. 按填制手续和内容不同分类

（1）一次凭证。一次凭证是指填制手续一次完成，只记录一笔经济业务且仅一次有效的原始凭证。如"借款单""增值税专用发票""领料单""银行结算凭证""飞机票""车票"等。

（2）累计凭证。累计凭证是指在一定时期内多次记录发生同类型的经济业务的原始凭证。累计凭证直到期末（有效期一般为一个月）求出总数以后才能够完成凭证的填制手续，方可作为记账的原始依据。如"限额领料单"。

（3）汇总凭证。汇总凭证也称原始凭证汇总表，是根据一定时期内若干张反映同类经济业务的原始凭证汇总编制而成的凭证。如"领料单汇总表""差旅费报销单""工资结算汇总表""发料凭证汇总表"等。

一次凭证

累计凭证

汇总凭证

3. 按格式不同分类

（1）通用原始凭证。通用原始凭证是指由有关部门统一印制，在一定范围内使用的、具有统一格式和使用方法的原始凭证。在某一地区、某一行业使用，也可以是全国通用。如由人民银行制作的、在全国通用的"银行转账结算凭证""支票"等。

（2）专用原始凭证。专用原始凭证是指单位自行印制、仅在本单位内部使用的原始凭证。如"固定资产折旧计算表""差旅费报销单""收料单"等。

专用原始凭证

【知识链接】

无票收入

无票收入是指企业销售货物或提供服务，没有开具发票，但已经取得收入的情况。这种情况在实际经营中并不少见，可能是因为客户不要发票，或者因为价格不确定，或者因为开票条件不成熟等原因。

无票收入虽然没有发票作为凭证，但是在税务上也是要按照规定申报纳税的。如果不按时申报或者隐瞒不报，可能会面临税务稽查和处罚。

企业在处理无票收入时，应当遵守相关法律法规，按照规定进行会计处理和申报纳税，并注意防范风险的问题。

任务二　填制原始凭证

【实训目的】

通过实训，学生能够掌握原始凭证正确的填制方法和基本要求。

【实训任务】

按照原始凭证的填制要求，根据经济业务填制下面的原始票据。

【业务1】2023年12月1日向北京瑞庭酒店（纳税人识别号：911101012834087627，地址及电话：北京市东城区李靖街吴梅路01号010-35725583，开户行及账号：中国建设银行北京市东城区支行41622124406290）销售双人床单100条，每条售价80元，增值税额1040元，款项暂未收到，请填写增值税专用发票。

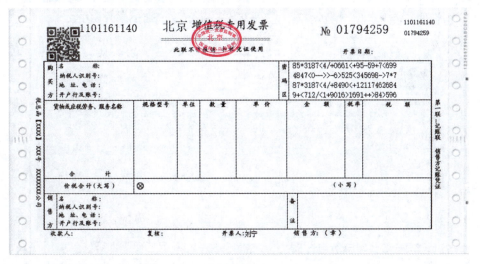

解答： 增值税专用发票的正确填写方法请扫描下方二维码查看。

【业务2】2023年12月7日，销售部员工潘瑞雪向公司预借差旅费1 000元，请以借款人的身份填制个人借款单。

借款单

年　月　日　　　　　　　　NO 02857

借款人：		所属部门：	
借款用途：			
借款金额：人民币(大写)			
部门负责人审批：		借款人(签章)：	
财务部门审核：			
单位负责人批示：		签字：	
核销记录：			

第一联　付款联（付款人记账）

解答：借款单的正确填写方法请扫描下方二维码查看。

增值税专用发票

借款单

【业务3】2023年12月6日，华鑫布业纺织有限公司封贺交来材料（*纺织品*2.4米棉布）1000米，仓管员王颖宏实收（*纺织品*2.4米棉布）1000米，请填制收料单。

收 料 单

供应单位：				年 月 日				编 号：	
材料编号	名 称	单 位	规 格	数 量		单价	实际成本		
				应收	实收		发票价格	运杂费	总 价
备注：									
收料人：						交料人：			

解答：收料单的正确填制方法请扫描下方二维码查看。

收料单

【实训引导】

填制原始凭证

一、原始凭证的基本内容

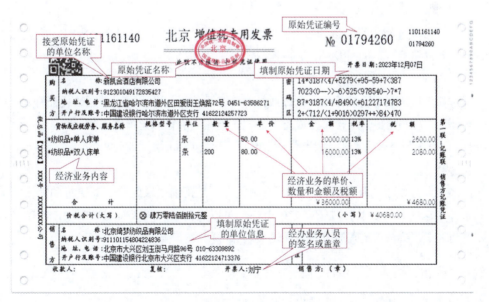

二、原始凭证的填制要求

（一）原始凭证填制的基本要求

1. 记录真实

在原始凭证中要实事求是地填写经济业务发生的日期、内容、数量、金额、经手人等，这些内容必须与实际情况完全符合，决不允许歪曲事实，弄虚作假，确保凭证的内容真实可靠。从外单位取得的原始凭证如有丢失，应当取得原开出单位的盖有公章的证明，并注明原凭证的金额、号码和内容等，由经办人确认和领导批准后可作为原始凭证入账，如无法取得证明的火车票、轮船票、飞机票等，则由当事人写出详细情况说明，由经办单位的领导批准后，方可代作原始凭证。

2. 内容完整

原始凭证填写要求内容完整，各种原始凭证的内容必须逐项填写齐全，项目不能遗漏，填写联次不能缺少，同时必须由经办业务人员和部门负责人签字盖章。

3. 手续完备

要求单位自制的原始凭证必须有经办单位领导人或者其他指定人员的签名盖章；对外开出的原始凭证必须加盖本单位公章；从外部取得的原始凭证，必须加盖填制单位的公章；从个人取得的原始凭证，必须有填制人员的签名盖章。

4. 书写清楚、规范

原始凭证中的数字和文字书写必须规范、清晰和整齐，易于辨认，不得使用未经国务院公布的简化汉字。

注意：除了用圆珠笔复写的一式几联的凭证外，单页凭证均要用钢笔或签字笔填写。

5. 连续编号

各种凭证必须连续编号，以便查考，如果已预先印定编号，在写错作废时，应当加盖"作废"戳记，妥善保管，不得撕毁。

6. 不得涂改、刮擦、挖补

填写时如果有错误，不能涂改、刮擦或挖补，必须按规定办法更正，原始凭证有错误的（金额错误除外），应当由出具单位重开或更正，更正处应当加盖出具单位印章。

注意：原始凭证金额有错误的，应当由出具单位重开，不得在原始凭证上更正。

7. 填制及时

根据经济业务发生的具体情况，及时填制凭证，是正确记录经济业务执行和完成情况的一个重要条件，这样有利于及时对凭证进行审核，可以避免因时间久而记忆模糊，发生错误。原始凭证填制完毕，要按规定程序及时传递送交财会部门。

（二）自制原始凭证的填制要求

不同的自制原始凭证，填制要求也有所不同。

1. 一次凭证的填制

一次凭证应在经济业务发生或完成时，由相关业务人员一次填制完成，该凭证往往只能反映一项经济业务，或者同时反映若干项同一性质的经济业务。

2. 累计凭证的填制

累计凭证应在每次经济业务完成后，由相关人员在同一张凭证上重复填制完成。该凭证能在一定时期内不断重复地反映同类经济业务的完成情况。

3. 汇总凭证的填制

汇总凭证应由相关人员在汇总一定时期内反映同类经济业务的原始凭证后填制完成。该凭证只能将类型相同的经济业务进行汇总，不能汇总两类或两类以上的经济业务。如"差旅费报销单""收料凭证汇总表""发料凭证汇总表"等。

【知识链接】

原始凭证错误危害大

原始凭证中的错误虽然不是故意行为，但其危害很大，如原始凭证的印鉴错误会使单位财会人员对其真实性和合法性产生怀疑；原始凭证中的金额、计量单位错误会导致多付或少付货币；错误的日期会影响该项业务的正确归属期。

原始凭证不能犯的14种错误

任务三　审核原始凭证

【实训目的】

通过实训，学生能够掌握原始凭证的审核方法和要求。

【实训任务】

审核以下原始凭证是否正确，若不正确请指出错误。

【业务1】审核"增值税专用发票"。

解答： 业务1"增值税专用发票"经过审核，该原始凭证是错误的原始凭证。原因是不应该加盖企业的财务专用章，应该加盖发票专用章。正确的填制方法如下图。

【业务2】审核"收款收据"。

解答： 业务 2 "收款收据" 经过审核，该原始凭证是错误的原始凭证。原因是大写金额与小写金额不相符，凡填有大写金额和小写金额的原始凭证，其大写金额与小写金额必须相符，正确的填写方法如下图。

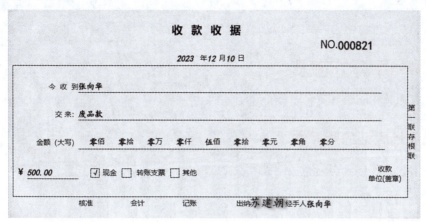

【实训引导】

审核原始凭证

《中华人民共和国会计法》第十条所列的经济业务事项，必须填制或者取得原始凭证并及时送交会计机构。会计机构、会计人员必须按照国家统一的会计制度规定对原始凭证进行审核，对不真实、不合法的原始凭证有权不予接受，并向单位负责人报告；对记载不准确、不完整的原始凭证予以退回，并要求按照国家统一的会计制度的规定更正、补充。原始凭证记载的各项内容均不得涂改，原始凭证有错误的，应当由出具单位重开或者更正，更正处应当加盖出具单位印章。原始凭证金额有错误的，应当由出具单位重开，不得在原始凭证上更正。记账凭证应当根据审核无误的原始凭证及有关资料编制。

一、审核原始凭证的真实性

原始凭证真实性的审核包括审核经济业务的双方当事单位和当事人必须是真实的；经济业务发生的时间、地点和填制原始凭证的日期必须是真实的；经济业务的内容必须是真实的。

二、审核原始凭证的合法性

原始凭证合法性的审核，包括内容的合法性和形式的合法性两个方面。

三、审核原始凭证的合理性

原始凭证合理性的审核主要包括记录的经济业务是否符合企业生产经营活动的需要；是否符合有关的计划和预算；是否符合规定的开支标准；是否履行规定的手续，有无背离经济效益原则和内部控制制度的要求等方面。

四、审核原始凭证的完整性

原始凭证的完整性主要审核原始凭证的内容是否完整,手续是否完备。具体包括原始凭证的各项基本要素是否齐全,是否有遗漏情况、日期是否完整,数字是否清晰,文字是否工整,有关人员签章是否齐全,凭证联次是否正确等。

五、审核原始凭证的正确性

主要审核原始凭证的填制方法和数字的计算是否正确。

六、审核原始凭证的及时性

及时性要求在经济业务发生或完成时,应及时填制有关原始凭证,及时进行凭证的传递并进行审核。

【知识链接】

快速查询电子发票的真伪方法

如今电子发票已经大量使用,相比纸质发票,电子发票有着无纸化、易储存等优点,更能方便商家及消费者。电子发票的真伪查询也有很多方法,下面介绍两种常用的方法。

方法1:在国税局网站查询电子发票真伪。首先,登录国家税务总局全国增值税发票查验平台,输入发票代码、发票号码、开票日期、开具金额(不含税)及验证码,单击"查验"(注:以上信息均在电子发票的右上角)。

方法 2：打开支付宝或微信，搜索"票大侠"；扫一扫发票二维码（或手动输入发票信息查询）；"票大侠"能自动去重和出电子台账，数据可导出保存。

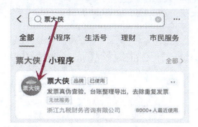

任务四　填制记账凭证

【实训目的】

通过实训，学生能够根据审核无误的原始凭证，填制记账凭证。

【实训任务】

根据下列经济业务的原始凭证填制相应的记账凭证。

【业务 1】填制通用记账凭证，附 1 张原始凭证（现金支票存根）。

解答：业务 1 "记账凭证"正确的填制方法如下。

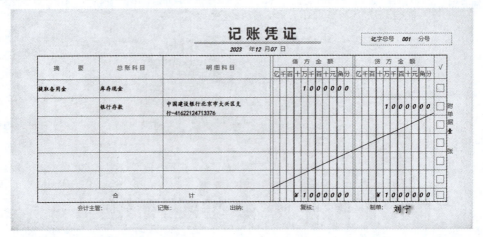

【业务 2】填制通用记账凭证，附 2 张原始凭证（增值税专用发票 1 张、收料单 1 张）。

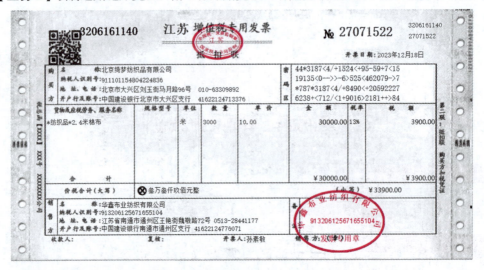

解答：业务 2"记账凭证"正确的填制方法如下。

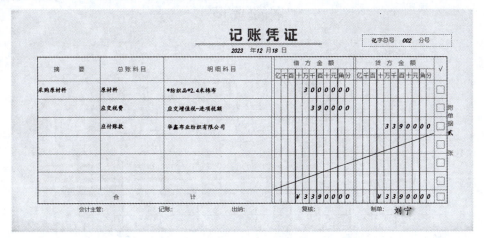

【业务 3】填制专用记账凭证，附 1 张原始凭证（借款借据 1 张）。

解答：业务3"收款凭证"正确的填制方法如下。

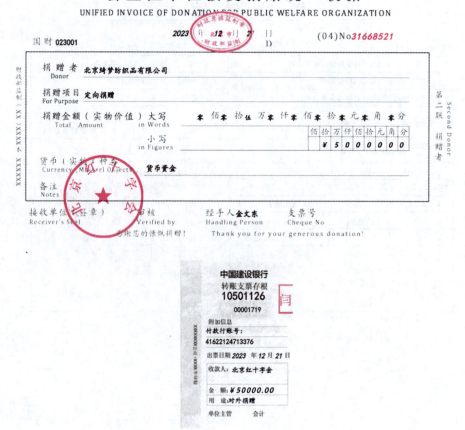

【业务4】填制专用记账凭证，附2张原始凭证（捐赠收据1张、转账支票存根1张）。

解答： 业务 4 "付款凭证"正确的填制方法如下。

付款凭证

贷方科目：银行存款-中国建设银行北京市大兴区支行-41622124713376

2023 年 12 月 21 日　　付字第 036 号

摘要	借方科目		记账	金额（千百十万千百十元角分）
	总账科目	明细科目		
对外捐赠货币资金	营业外支出	捐赠支出	□	5 0 0 0 0 0 0
			□	
			□	
			□	
			□	
			□	
合计			□	￥ 5 0 0 0 0 0 0

附单据 贰 张

会计主管：　　记账：　　出纳：　　复核：　　制单：刘宁

【业务 5】填制专用记账凭证，附 1 张原始凭证（现金交款单 1 张）。

中国建设银行 现金交款单

币别：人民币　　2023 年 12 月 23 日　　流水号：131770

单位填写：
- 收款单位：北京绮梦纺织品有限公司
- 账号：41622124713376
- 交款人：北京绮梦纺织品有限公司
- 款项来源：其他应收款
- （大写）壹仟元整　　￥ 1 0 0 0 0 0

银行确认栏：
会计确认栏：
收款账号：41622124713376
收款人户名：北京绮梦纺织品有限公司
缴款人名称：北京绮梦纺织品有限公司
交易码 收付 金额
10111861 收 1000.00
收入金额：1000.00
实收金额：1000.00
交易日期：2023-12-23

现金回单（无银行打印记录及银行签章此单无效）

第二联 客户回单

复核　　录入　　出纳

解答： 业务 5 对于库存现金和银行存款之间的相互收付业务，即从银行提取现金或将现金存入银行的经济业务，为了避免重复记账，按规定只填制付款凭证，不填制收款凭证，正确的填制方法如下。

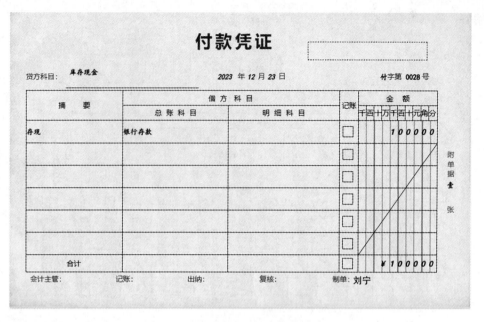

【业务6】填制专用记账凭证，附1张原始凭证（收料单1张）。

解答：业务6"转账凭证"正确的填制方法如下。

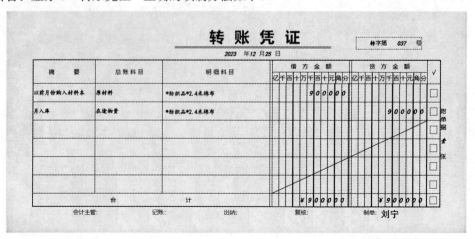

【实训引导】

填制记账凭证

一、记账凭证的种类

记账凭证又称记账凭单，是指会计人员根据审核无误的原始凭证按照经济业务的内容加以归类，并据以确定会计分录后填制的会计凭证，是登记账簿的直接依据。

记账凭证按用途进行分类，可分为专用记账凭证和通用记账凭证。

（一）专用记账凭证

专用记账凭证是指分类反映经济业务的记账凭证，按其反映的经济业务内容不同，可分为收款凭证、付款凭证和转账凭证。

（1）收款凭证是用来记录现金和银行存款收款业务的凭证。它是根据现金和银行存款收款业务的原始凭证填制的，是登记日记账及有关明细账总账的依据，也是出纳人员收讫款项的依据。

收款凭证

（2）付款凭证是用来记录现金、银行存款等货币资金付款业务的凭证。它是根据现金和银行存款支付业务的原始凭证填制的，是登记日记账及有关明细账和总账的依据，也是出纳人员支付款项的依据。

需要注意的是，对于库存现金和银行存款之间的相互收付业务，即从银行提取现金或将现金存入银行的经济业务，为了避免重复记账，按规定只填制付款凭证，不填制收款凭证。

付款凭证

（3）转账凭证是用来记录不涉及现金、银行存款业务的记账凭证，是根据有关转账业务的原始凭证填制的，是登记有关明细账和总账的依据。

（二）通用记账凭证

通用记账凭证是指用来反映所有经济业务的记账凭证，为各类经济业务所共同使用，其格式与转账凭证基本相同。

转账凭证

在实际工作中，很多企业和行政事业单位为了简化编制记账凭证工作，全部业务使用同一种格式的记账凭证来记录和反映所发生的各种经济业务。

二、记账凭证必须具备的基本内容

记账凭证是登记账簿的依据，因其所反映经济业务内容不同，各单位规模大小及其对会计核算繁简程度的要求也不同，但应当具备以下基本内容：

记账凭证

（1）填制凭证的日期。

（2）记账凭证的编号。

（3）经济业务的内容摘要。

（4）经济业务应借、应贷的会计科目。

（5）金额。

（6）所附原始凭证的张数。

（7）会计主管、制证、审核、记账等相关人员的签名或盖章。

三、记账凭证的填制要求

记账凭证根据审核无误的原始凭证或原始凭证汇总表填制。

（一）记账凭证的基本填制要求

（1）记账凭证各项内容必须完整。

（2）记账凭证的书写应当清楚、规范。

（3）除结账和更正错账可以不附原始凭证外，其他记账凭证必须附原始凭证。所附原始凭证张数的计算，一般以原始凭证的张数为准。

（4）记账凭证可以根据每一张原始凭证填制，或根据若干张同类原始凭证汇总填制，也可以根据原始凭证汇总表填制；但不得将不同内容和类别的原始凭证汇总，填制在一张记账凭证上。

附原始凭证规定

（5）记账凭证应连续编号。凭证应由主管该项业务的会计人员，按业务发生的顺序并按不同种类的记账凭证，采用"字号编号法"连续编号。如果一笔经济业务需要填制两张以上（含两张）记账凭证的，可以采用"分数编号法"编号。（如第6号凭证编有三张记账凭证，则第一张编号为6 1/3，第二张编号为6 2/3，第三张编号为6 3/3。前面的数表示凭证顺序号，后面分数的分母表示该号凭证共有3张，分子表示3张凭证中的第一张、第二张、第三张）。

（6）填制记账凭证时若发生错误，若在登记账簿之前发现错误的，应重新填制；若在已登记入账的记账凭证上发现错误的，应采用红字更正法、补充登记法进行更正。

（7）记账凭证填制完成后，如有空行，应当自金额栏最后一笔金额数字下的空行处至合计数上的空行处划线注销。

（二）收款凭证的填制要求

（1）收款凭证左上角的"借方科目"，按收款的性质填写"库存现金"或"银行存款"。

（2）日期填写的是填制本凭证的日期。

（3）右上角填写填制收款凭证的顺序号。

（4）"摘要"的填写是对所记录经济业务的简要说明。

（5）"贷方科目"填写与"库存现金"或"银行存款"相对应的会计科目。

(6)"记账"是指该凭证已登记账簿的标记,防止经济业务重记或漏记。
(7)"金额"是指该项经济业务的发生额。
(8)凭证右边"附件X张"是指本记账凭证所附原始凭证的张数。
(9)最下边分别是有关人员签章,以明确经济责任。

(三)付款凭证的填制要求

付款凭证是根据审核无误的有关库存现金和银行存款的付款业务的原始凭证填制的。付款凭证的填制方法与收款凭证基本相同,不同的是在付款凭证的左上角应填列贷方科目,即"库存现金"或"银行存款"科目,"借方科目"栏应填与"库存现金"或"银行存款"相应的一级科目和明细科目。

(四)转账凭证的填制要求

转账凭证通常是根据有关转账业务的原始凭证填制的。转账凭证中"总账科目"和"明细科目"栏应填写应借、应贷的总账科目和明细科目,借方科目应记金额在同一行的"借方金额"栏填列,贷方科目应记金额应在同一行的"贷方金额"栏填列,"借方金额"栏合计数与"贷方金额"栏合计数应相等。

此外,某些既涉及收款业务,又涉及转账业务的综合性业务,可分开填制不同类型的记账凭证。

(五)通用记账凭证的填制要求

通用记账凭证是将收款业务、付款业务和转账业务,统一采用一种记账凭证,它适用于各种经济业务的记账。采用通用记账凭证,将经济业务所涉及的会计科目全部填列在一张凭证内,其填制方法与转账凭证基本相同。

任务五　审核记账凭证

【实训目的】

通过实训,学生能够掌握记账凭证的审核内容,正确判断出记账凭证的对错并找出错误。

【实训任务】

审核下面各种凭证是否正确,若有错误请指出。
【业务1】审核记账凭证。

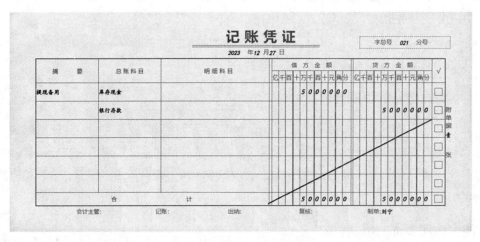

解答： 业务1记账凭证经过审核确认是错误的记账凭证。错误一：记账凭证中注销线的位置标注错误，应当自金额栏最后一笔金额数字下的空行处至合计数上的空行处划线注销。错误二：在合计金额栏没有标注人民币符号，正确的记账凭证下如：

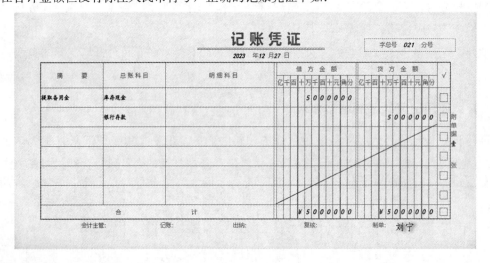

【业务2】审核根据"提现申请单"和"现金支票存根"两张原始凭证编制的收款凭证。

收款凭证

借方科目：库存现金		2023 年 12 月 22 日			收字第 006 号	
摘 要	贷方科目		记账	金 额		
	总账科目	明细科目		千百十万千百十元角分		
存现	银行存款		□	1 0 0 0 0 0		
			□			
			□			
			□			
			□			
			□			
合计			□	¥ 1 0 0 0 0 0		

会计主管：　　记账：　　出纳：　　复核：　　制单：刘宁

附单据 壹 张

解答：业务2收款凭证经过审核确认是错误的收款凭证，因为原始凭证涉及的是库存现金和银行存款相互转换的经济业务，应编制银行存款的付款凭证，不应该编制库存现金的收款凭证。正确的凭证如下。

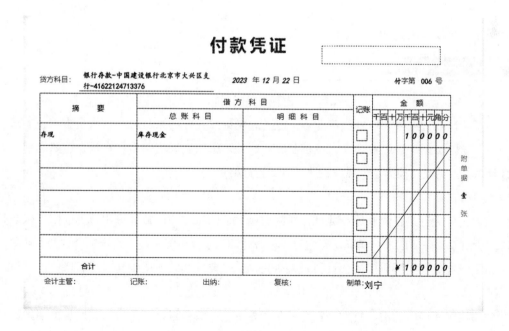

付款凭证

贷方科目：银行存款-中国建设银行北京市大兴区支行-41622124713376		2023 年 12 月 22 日			付字第 006 号	
摘 要	借方科目		记账	金 额		
	总账科目	明细科目		千百十万千百十元角分		
存现	库存现金		□	1 0 0 0 0 0		
			□			
			□			
			□			
			□			
			□			
合计			□	¥ 1 0 0 0 0 0		

会计主管：　　记账：　　出纳：　　复核：　　制单：刘宁

【业务3】审核根据"无形资产摊销表"编制的转账凭证。

无形资产摊销表
2023年12月31日

单位：元

名称	账面原值	摊销期限（年）	月摊销额	类型	使用部门
KV商标权	200,000.00	10	1,666.67	商标权	销售门市
合计	200,000.00				

审核：　　　　　　　　　　　　　　编制：朱胜利

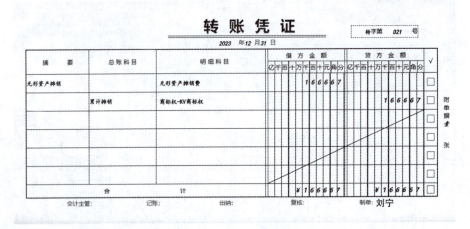

解答：业务3转账凭证经过审核，该张转账凭证编制正确。

【实训引导】

审核记账凭证

为了正确登记账簿和监督经济业务，除了编制记账凭证的人员应当认真负责、正确填制、加强自审以外，同时还应建立专人审核制度。因此，记账凭证填制后，在据以记账之前，必须由会计主管人员或其他指定人员对记账凭证进行严格审核。

审核的主要内容如下：

（1）记账凭证是否附有原始凭证；所附原始凭证的张数与记账凭证中填列的附件张数是否相符；所附原始凭证记录的经济业务内容与记账凭证内容是否相符，二者金额合计是否相等。

（2）记账凭证中所应用的会计科目是否正确；必要的二级或明细科目是否齐全；科目对应关系是否清楚。

（3）记账凭证中的借、贷方金额合计是否相等；一级科目金额是否与其所属的明细科目金额合计数相等。

(4) 记账凭证中的摘要填写是否清楚，是否科学地归纳了经济业务的实际内容。

(5) 记账凭证中有关项目是否填列齐全，有关手续是否完备，有关人员是否签字或盖章。

在审核过程中，如果发现记账凭证填制有误，或者不符合要求的，应由填制人员重新填制；但如果凭证已装订，并登记账簿，必须按规定的方法进行错账更正。

单项实训练习

【实训要求】

1. 根据实训资料识别原始凭证、填制原始凭证。
2. 根据实训资料编制通用记账凭证。
3. 根据实训资料编制专用凭证。

【实训资料】

北京绮梦纺织品有限公司 2023 年 9 月发生的部分经济业务内容。

（1）2 日，从华鑫布业纺织有限公司购入一批材料，款项未付，材料已验收入库，根据增值税专用发票填制收料单并编制相应凭证。

（2）2 日，向北京瑞庭酒店销售单人床单 500 条，双人床单 200 条，收到对方转账支票一张，根据增值税专用发票、转账支票填写进账单并编制相应凭证。

（3）2 日，采购部王群忠向公司预借差旅费 5000.00 元，以现金支付，请以借款人的身份填制个人借款单并编制相应凭证。

（4）3 日，签发转账支票偿付前欠货款 33900.00 元，根据付款申请书填写转账支票并编制相应凭证。

（5）5 日，收到北京瑞庭酒店转账支票一张，偿付所欠账款 50000.00 元，存入银行，根据转账支票填写进账单并编制相应凭证。

（6）6 日，采购部王群忠报销差旅费，并退回剩余现金，根据车票、住宿费增值税专用发票填写差旅费报销单并编制相应凭证。

（7）12 日，从华鑫布业纺织有限公司购入一批材料，款项已支付，材料尚未到达，根据付款申请单填制转账支票，再根据相关资料编制相应凭证。

（8）14 日，上述材料全部到达并验收入库，根据资料填写收料单并编制相应凭证。

（9）15 日，支付广告费 20000.00 元，根据付款凭证填制转账支票并根据相关资料编制相应凭证。

实训资料 1-1

实训资料 1-2

收 料 单

材料编号	名称	单位	规格	数量		单价	实际成本			
				应收	实收		发票价格	运杂费	总价	
备注：										

收料人：　　　　　　　　　　　　　交料人：

实训资料 2-1

销售单

购货单位：北京瑞庭酒店　　　地址和电话：北京市东城区季靖街美楠路01号010-35725583　　单据编号：XS047

纳税识别号：911101012834087627　　开户行及账号：中国建设银行北京市东城支行41622124406290　　制单日期：2023-09-02

编码	产品名称	规格	单位	单价	数量	金额	备注
	*纺织品*单人床单		条	56.50	500	28250.00	含税价
	*纺织品*双人床单		条	90.40	200	18080.00	含税价
合计	人民币（大写）肆万陆仟叁佰叁拾元整				—	¥46330.00	

销售经理：钟国利　　经手人：赵爱东　　会计：刘宁　　签收人：王志宁

实训资料 2-2

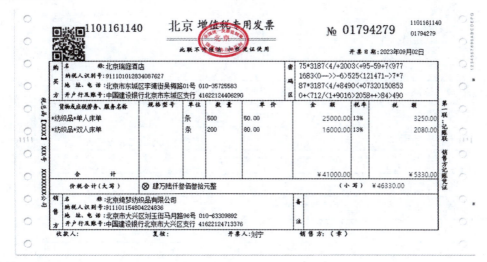

实训资料 2-3

实训资料 2-4

实训资料 3-1

借款单		
	年 月 日	NO 02858

借款人：		所属部门：	
借款用途：			
借款金额：人民币（大写）			
部门负责人审批：		借款人（签章）：	
财务部门审核：			
单位负责人批示：		签字：	
核销记录：			

第一联 付款联（付款人记账）

实训资料 4-1

付款申请书
2023 年 09 月 03 日

用途及情况	金 额	收款单位(人)：华鑫布业纺织有限公司
支付货款	亿 千 百 十 万 千 百 十 元 角 分	账 号：41622124776071
	￥ 3 3 9 0 0 0 0	开户行：中国建设银行南通市通州区支行
金额（大写）合计： 人民币叁万叁仟玖佰元整		结算方式：转账支票
总经理 李杰	财务部门 经理 朱胜利	业务部门 经理 王群忠
	会计 刘宁	经办人 李潭

实训资料 4-2

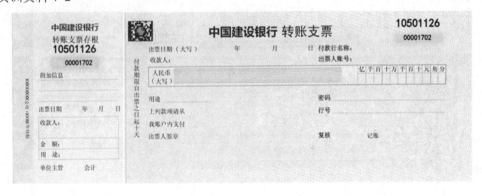

实训资料 5-1

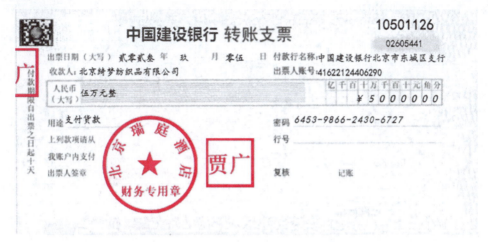

实训资料 5-2

实训资料 6-1

实训资料 6-2

实训资料 6-3

吉林增值税专用发票	No 87924355
2201161140	2201161140 87924355

开票日期:2023年09月05日

购买方	名称: 北京绮梦纺织品有限公司 纳税人识别号:91110115480422 4836 地址、电话:北京市大兴区刘玉街马月路96号 010-63309892 开户行及账号:中国建设银行北京市大兴区支行 41622124713376

货物或应税劳务、服务名称	规格型号	单位	数量	单价	金额	税率	税额
*住宿服务*住宿费		天	2	264.15	528.30	6%	31.70
合计					¥528.30		¥31.70
价税合计(大写)	⊗伍佰陆拾元整				(小写) ¥560.00		

销售方	名称: 好客来酒店有限公司 纳税人识别号:912201057994413863 地址、电话:吉林省长春市二道区刘青街车福路54号 0431-76096138 开户行及账号:中国建设银行长春市二道区支行 41622124452349

收款人: 复核: 开票人:邢达昌 销售方:(发票专用章)

实训资料 6-4

差旅费报销单

年　月　日　　　　　　　　　附原始单据　张

姓名		工作部门						出差事由					
日期		地点		车船费			深夜补贴	途中补贴	住勤费			旅馆费	公交费		金额合计
起	迄	起	迄	车次或船名	时间	金额			地区	天数	补贴				
20230903	20230905	北京市	长春市												

报销金额(大写) 人民币　　　　　　　退回金额　　　　　　合计(小写)
补付金额　　　　　领导批准　　　　会计主管　　　　部门负责人　　　　审核　　　　报销人

实训资料 7-1

付款申请书

2023 年09 月12 日

用途及情况	金额											收款单位(人):华鑫布业纺织有限公司
支付货款	亿	千	百	十	万	千	百	十	元	角	分	账 号:41622124776071
				¥	5	0	8	5	0	0	0	开户行:中国建设银行南通市通州区支行
金额(大写)合计:	人民币伍万零捌佰伍拾元整											结算方式:转账支票
总经理 李杰	财务部门			经理 朱胜利			业务部门			经理 王群忠		
				会计 刘宁						经办人 李津		

实训资料 7-2

实训资料 7-3

实训资料 8-1

收 料 单

供应单位：　　　　　　　　　　　年　月　日　　　　　　　　　　编号：

材料编号	名称	单位	规格	数量		实际成本			
				应收	实收	单价	发票价格	运杂费	总价
备注：									

收料人：　　　　　　　　　　　　　　　　　　　　　交料人：

实训资料 9-1

实训资料 9-2

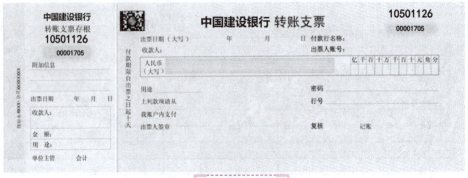

实训资料 9-3

单项实训练习答案

项目三

启用与登记会计账簿

案例导入

某出纳入职1年贪污700余万元

90后的张某是北京市某单位原出纳员。入职仅1年的时间,张某利用职务便利以及单位管理上的漏洞,多次将单位财务章偷出,加盖在自己保管的单位现金支票和转账支票上,再加盖上自己保管的单位法人章,然后到银行以提取备用金的名义取走公款;张某作为单位的出纳员,负责登记银行存款日记账和编制银行存款余额调节表,利用工作上的便利,对银行存款日记账和银行存款余额调节表造假,共贪污、侵吞、骗取公款达700余万元,均用于个人奢侈消费。经查,在工作、生活和网络中,张某结交了大量"出手阔绰"的朋友,养成了及时行乐、恣意挥霍的不良消费观念,世界观、人生观和价值观严重扭曲。张某小小的出租房内堆满了各式各样的奢侈品,名牌包价值几万甚至几十万。与此同时,张某还沉迷于网络游戏及打赏主播,仅此两项,投入的钱就多达70余万元。2019年3月,单位发现账户异常后报警,张某被警方抓获,同年9月被开除公职。2019年12月,张某被北京市东城区人民法院判处有期徒刑12年,并处罚金人民币100万元。张某所在单位的财务管理存在漏洞,日常监督管理严重缺失,本案涉及的分管领导、相关负责人等6人已被立案追责。

案例解读与思考

首先,张某的行为违背了会计职业道德规范中廉洁自律的要求。廉洁自律是会计职业道德的重要组成,也是会计职业道德的内在要求。廉洁自律要求财务人员树立正确的人生观和价值观;公私分明,不贪不占;遵纪守法,廉洁清正。廉洁是指不收受贿赂、不贪污钱财,保持清白;自律是指会计人员按照一定的标准,自我约束、自我控制、自觉地抵制自己的不良欲望。

廉洁自律是财务人员职业操守的底线，财务人员只有首先做到自身廉洁，严格约束自己，才能阻止或防止别人侵占集体利益，正确行使核算和监督的职责，保证各项经济活动正常进行和财产的安全。所以，作为整天与钱财打交道的出纳员，必须自律，做到"不取不义之财，面对金钱不眼红"。

另外，张某能在入职1年的时间内贪污700余万元，也说明了该单位在财务监督管理上存在重大漏洞和隐患。会计工作管理体制上实行"统一领导，分级管理"的原则，单位的会计与出纳应该相互监督、相互制约，要有完善的管理制度，并严格按法律法规办事，遵循不相容岗位相分离原则。除此之外，单位还应当建立完备、严格的货币资金内部控制制度，这样才能更好地保证维护财经纪律、经营秩序，防止或抑制营私舞弊、贪污行为的发生。

思考：请结合本例谈一谈自己的心得体会以及如何对货币资金进行内部控制。

知识目标

1. 了解账簿的启用与交接方法。
2. 了解账簿的种类及适用情形。
3. 掌握各类账簿设置的一般要求。
4. 掌握会计账簿的登记规则。
5. 掌握错账更正的方法。
6. 掌握结账的方法。

能力目标

1. 能够根据企业经济业务建立总账和明细账。
2. 能按照账簿的启用与交接要求，完成账簿的启用与交接。
3. 能够规范登记总账、明细账。
4. 能够正确查找错账，并按照规范予以更正。
5. 能够规范办理结账手续。

素质目标

1. 培养学生客观公正能力。
2. 培养学生团队协作能力。
3. 培养学生基本职业技能能力。

任务一 启用总账、明细账、日记账

【实训目的】

通过实训,学生能够认识会计常用的账簿,明确账簿的分类,具有正确设置、规范启用会计账簿的能力。

【实训任务】

1. 填制账簿的扉页,即"启用登记和经管人员一览表"。
2. 填写"上年结转"金额。

【实训资料】

北京绮梦纺织品有限公司 2023 年 1 月份期初余额资料如下。

部分账户余额表   单位:元

总账科目名称	账户余额	
	借方	贷方
库存现金	8,000.00	
银行存款	220,000.00	
应收账款	635,800.00	
原材料	13,500.00	
固定资产	826,000.00	
实收资本		900,000.00
合计	2,291,360.00	2,291,360.00

该公司部分明细账户期初余额如下:

"原材料——2.4 米棉布"账户:(类别 YCK,编号 001,规格 2.4,单位米)270 米,单价 10 元,价值 2,700 元;

"原材料——3.0 米棉布"账户:(类别 YCK,编号 002,规格 3.0,单位米)数量 800 米,单价 13.5 元,成本 10,800 元;

"应收账款——新凯合酒店有限公司"账户:226,000 元;

"应收账款——星络酒店有限公司"账户：339,000 元；

"应收账款——常来客酒店有限公司"账户：70,800 元。

【业务 1】背景资料：北京绮梦纺织品有限公司，法人代表闫瑞，财务经理朱胜利，稽核会计李平，记账会计刘宁，出纳员金一。启用新 2023 年总分类账，账簿编号 23-01，账簿页数 100 页。请填写账簿的扉页，即"账簿启用登记和经管人员一览表"。

账簿启用登记和经管人员一览表

单位名称							单位公章		
账簿名称			第　册						
账簿编号									
账簿页数									
启用日期									
经管人员	单位主管		会计主管		稽核		记账		
	姓名	盖章	姓名	盖章	姓名	盖章	姓名	盖章	
交接记录	经营人员		接管				交出		
	职别	姓名	年	月	日	盖章	年	月	日	盖章

解答：

账簿启用登记和经营人员

【业务 2】根据资料启用北京绮梦纺织品有限公司银行存款日记账、固定资产总账及实收资本总账。

解答：

银行存款日记账　　　　　　　　　　　　　　　　　　　　　　　第　　页

2023 年		记账凭证		摘要	收入	支出	结余
月	日	字	号				
1	01			上年结转			220,000.00

固定资产总账　　　　　　　　　　　　　　　　　　　　　　　　第　　页

2023 年		凭证号码	摘要	借方	贷方	借或贷	余额
月	日						
1	01		上年结转			借	826,000.00

实收资本总账　　　　　　　　　　　　　　　　　　　　　　　　第　　页

2023 年		凭证号码	摘要	借方	贷方	借或贷	余额
月	日						
1	01		上年结转			贷	900,000.00

【业务3】根据资料设立北京绮梦纺织品有限公司原材料总账、原材料明细账及应收账款总账、应收账款明细账。

解答：

原材料总账　　　　　　　　　　　　　　　　　　　　　　　　　第　　页

2023 年		凭证号码	摘要	借方	贷方	借或贷	余额
月	日						
1	01		上年结转			借	13,500.00

原材料明细账

材料编号：001　　　　　　　　　　　　　　　　　　　　　　　计量单位：米
材料类别：YCK　　　　　　　　　　　　　　　　　　　　　　　最高存量：略
品名及规格：2.4 米棉布　　　　　　　　　　　　　　　　　　　最低存量：略

2023 年		凭证号码	摘要	收入			发出			结存		
月	日			数量	单价	金额	数量	单价	金额	数量	单价	金额
1	01		上年结转							270	10.00	2,700.00

原材料明细账

材料编号：002　　　　　　　　　　　　　　　　　　　　　　　计量单位：米
材料类别：YCK　　　　　　　　　　　　　　　　　　　　　　　最高存量：略
品名及规格：3.0 米棉布　　　　　　　　　　　　　　　　　　　最低存量：略

2023 年		凭证号码	摘要	收入			发出			结存		
月	日			数量	单价	金额	数量	单价	金额	数量	单价	金额
1	01		上年结转							800	13.50	10,800.00

应收账款总账

2023 年		凭证号码	摘要	借方	贷方	借或贷	余额
月	日						
1	01		上年结转			借	635,800.00

应收账款明细账

明细科目：新凯合酒店有限公司

2023 年		凭证号码	摘要	借方	贷方	借或贷	余额
月	日						
1	01		上年结转			借	226,000.00

应收账款明细账

明细科目：星络酒店有限公司

2023 年		凭证号码	摘要	借方	贷方	借或贷	余额
月	日						
1	01		上年结转			借	339,000.00

应收账款明细账

明细科目：常来客酒店有限公司

2023 年		凭证号码	摘要	借方	贷方	借或贷	余额
月	日						
1	01		上年结转			借	70,800.00

【业务4】背景资料：假设北京绮梦纺织品有限公司，法人代表闫瑞，财务经理朱胜利，会计王丽。王丽因照顾年迈的父母，向公司递交辞职报告，辞去现任的会计工作，经领导研究决定，由刘宁接任王丽所负责的会计工作，现将"原材料明细账"账簿进行移交。

在 2023 年 1 月 1 日至 2023 年 2 月 25 日期间王丽负责登记原材料明细账工作，2023 年 2 月 26 日将由刘宁接管相应工作。请仔细审核原材料明细账中的"账簿启用登记和经管人员一览表"填写是否规范。

账簿启用登记和经管人员一览表

单位名称	北京绮梦纺织品有限公司	单位公章
账簿名称	原材料明细账 第 11 册	
账簿编号	23-11	
账簿页数	50 页	
启用日期	2023 年 1 月 1 日	

经管人员	单位主管		会计主管		稽核		记账		
	姓名	盖章	姓名	盖章	姓名	盖章	姓名	盖章	
	闫瑞	闫瑞	朱胜利	朱胜利	李平	李平	王丽	王丽	
交接记录	经营人员		接管				交出		
	职别	姓名	年	月	日	盖章	年	月	日	盖章
	财务经理	朱胜利	2023	2	26	刘宁	2023	2	25	王丽

解答： 填写规范。

【实训引导】

在实际工作中，由于各种会计账簿所记录的经济业务不同，需要账簿的格式也多种多样，但各种账簿都应具备账簿封面、扉页（账簿启用表）、账户目录、账页等基本内容。

一、启用账簿

（一）书写封面

在封面上写明账簿名称，如总账、各种明细账、库存现金日记账、银行存款日记账等；在封面上写明单位名称等。账簿封面如下图。

银行存款日记账

单位名称：	北京绮梦纺织品有限公司	
账簿册数	本年共　　册	本册是第 1 册
账簿页数	本册自 1 页至 100 页	共 100 页
会计年度	自 2023 年 01 月 01 日至 2023 年 12 月 31 日	
单位负责人：	闫瑞	财务负责人： 朱胜利

（二）书写扉页

扉页主要用来列明会计账簿的使用信息，一般在账簿的扉页附有启用表，如科目索引、账簿启用和经管人员一览表等。如记账人员或者会计机构负责人、会计主管人员调动工作时，应当注明交接日期、接办人员或者监交人员姓名，并由交接双方人员签名或者盖章。

（三）填写目录

有些账簿，如总分类账簿需要填写目录表明每个账户的名称和页次。

序号	页码	科目名称
1	1–3	库存现金
2	4–5	银行存款
3	6–8	应收账款
4	9–10	其他应收款
5	11–13	原材料
6	14	低值易耗品
7	15–17	库存商品
8	18	固定资产
9	19	累计折旧
10	20	固定资产清理
11	…	…

二、账簿种类

（1）会计账簿按照用途可以分为序时账簿、分类账簿和备查账簿。

①序时账簿，又称日记账，是按照经济业务发生时间的先后顺序逐日、逐笔登记的账簿。在我国，应用比较广泛的是"现金日记账"和"银行存款日记账"。

②分类账簿，是按照分类账户设置登记的账簿，是会计账簿的主体，也是编制财务报表的主要依据。可分为总分类账簿和明细分类账簿。总分类账簿简称总账，是根据总分类账户设置的，总括地反映某类经济活动，主要为编制财务报表提供直接数据资料，通常采用三栏式账。

明细分类账簿简称明细账，是根据明细分类账户设置的，用来提供明细的核算资料，可采用的格式有三栏式、多栏式和数量金额式等。

③备查账簿，是对某些在序时账簿和分类账簿中未能记载或记载不全的经济业务类型补充登记的账簿。备查账簿只是对其他账簿记录的一种补充，与其他账簿之间不存在严密的依存和勾稽关系。备查账簿根据企业实际需要设置，无固定格式要求。

（2）会计账簿按照账页格式分为三栏式账簿、多栏式账簿、数量金额式账簿和横线登记式账簿等。

①三栏式账簿，是设有借方、贷方和余额三个金额栏目的账簿。各种日记账、总账，以及资本、债权、债务明细账等都可以采用三栏式账簿。三栏式账簿又分为设对方科目和不设对方科目两种。

②多栏式账簿，是在账簿的两个金额栏目（借方和贷方）按需要分设若干专栏的账簿。这种账簿可以按"借方"和"贷方"分设专栏，也可以只设"借方"或"贷方"专栏，设多少栏则根据需要确定。收入、成本、费用明细账一般采用多栏式账簿。

③数量金额式账簿是在账簿的借方、贷方和余额三个栏目内，每个栏目再分设数量、单价和金额三个小栏目，借以反映财产物资的实物数量和价值量的账簿。原材料、库存商品等明细账一般采用数量金额式账簿。

三栏式账簿

多栏式账簿

数量金额式账簿

④横线登记式明细分类账是采用横线登记，即将每一相关的业务登记在一行，从而可依据每一行各个栏目的登记是否齐全来判断该项业务的进展情况。应收票据、材料采购等明细账一般采用横线登记式账簿。

（3）会计账簿按外形特征，可分为订本式账簿、活页式账簿和卡片式账簿。

①启用订本式账簿，应当从第一页到最后一页按顺序编定页数，不得跳页、缺号。订本式账簿适用于总分类账、现金日记账和银行存款日记账。

②启用活页式账簿，应当按账户顺序编号，并须定期装订成册。装订后再按实际使用的账页顺序编定页码。另加目录，记明每个账户的名称和页次。一般适用于明细分类账。

③卡片式账簿，一般只对固定资产的核算采用卡片式账簿。

注意：实行会计电算化的单位，用计算机打印的总账必须连续编号，经审核无误后装订成册，并由记账人、会计机构负责人、会计主管人员签字或盖章，以防失散。

任务二　登记总账、明细账、日记账

【实训目的】

通过实训，学生能够遵循会计账簿登记的操作规范，登记总账、明细账和日记账。

【实训任务】

1.按照账簿登记要求登记相应的总账、明细账和日记账。

2.纠正登记账簿时出现的空行、空页等情况。

【业务1】根据期初建账及本期业务，逐笔登记原材料、应交税费——应交增值税明细账及银行存款日记账。

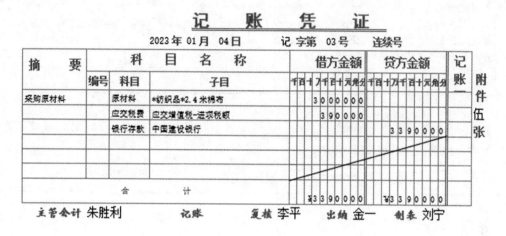

解答：

银行存款日记账

第　　页

2023 年		记账凭证		摘要	收入	支出	结余
月	日	字	号				
1	01			上年结转			220,000.00
	04	记	03	采购原材料		33,900.00	186,100.00

原材料明细账

材料编号：001　　　　　　　　　　　　　　　　　　　　　　　　　　　计量单位：米
材料类别：YCK　　　　　　　　　　　　　　　　　　　　　　　　　　　最高存量：略
品名及规格：2.4 米棉布　　　　　　　　　　　　　　　　　　　　　　　最低存量：略

2023 年		凭证号码	摘要	收入			发出			结存		
月	日			数量	单价	金额	数量	单价	金额	数量	单价	金额
01	01		上年结转							270	10.00	2,700.00
	04	记03	采购原材料	3000	10.00	30,000.00				3270	10.00	32,700.00

应交税费——应交增值税明细账　　　　　　　　　　　　第　页

2023年		凭证号码	摘要	借方			贷方			借或贷	金额
月	日			合计	进项税额	已交税金	合计	销项税额	进项税额转出		
1	04	记03	采购原材料	3,900.00	3,900.00					借	3,900.00

【业务2】由于刘会计在填制账页时，一时疏忽不慎发生跳页现象，为了账簿整体美观，她想撕毁空白账页后再重新填写可以吗？

原材料总账　　　　　　　　　　　　　　　　　　　　　第　页

年		凭证号码	摘要	借方	贷方	借或贷	余额
月	日						

解答：不可以撕毁空白账页，可以按规定的方法予以纠正。

空白页注销示例：

原材料总账　　　　　　　　　　　　　　　　　　　　　第　页

年		凭证号码	摘要	借方	贷方	借或贷	余额
月	日						
			此页空白	刘宁	朱胜利		

或

原材料总账　　　　　　　　　　　　　　　　　　　　　第　页

年		凭证号码	摘要	借方	贷方	借或贷	余额
月	日						
				刘宁	朱胜利		

【实训引领】

一、登记总账、明细账的基本要求

按照《中华人民共和国会计法》《会计基础工作规范》等相关规定，登记会计账簿时，应当遵循准确性、全面性、及时性、规范性和保密性。

（一）登记准确全面

登记会计账簿时，应当将会计凭证日期、编号、业务内容摘要、金额和其他有关资料逐项记入账内，做到数字准确、摘要清楚、登记及时、字迹工整。

（二）标注记账符号

登记完毕后，记账人员要在记账凭证的下方"记账："处签名或者盖章（①），并在记账凭证的表格中的"记账栏"注明已经登记账簿的符号如标√或注明账页次即（②），表示已经记账，避免重复、漏记。

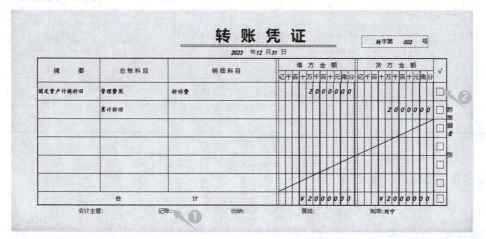

（三）书写留白

账簿中书写的文字和数字上面要留有适当空格，不要写满格；一般应占格距的二分之一。

（四）正确使用墨水

使用蓝黑或碳素墨水。登记账簿要用蓝黑墨水或者碳素墨水书写，不得使用圆珠笔（银行的复写账簿除外）或者铅笔书写。

以下情况可以使用红色墨水记账：

（1）按照红字冲账的记账凭证，冲销错误记录；

（2）在不设借贷等项目栏的多栏式账页中，登记减少数；

（3）在三栏式账户余额栏前，如未印明余额方向的，在余额栏内登记负数余额；

（4）根据国家统一会计制度的规定可以用红字登记的其他会计记录。

（五）按页次顺序连续登记

各种账簿按页次顺序连续登记，不得跳行、隔页。如果发生跳行、隔页，应当将空行、空页划线注销，或者注明"此行空白""此页空白"字样，并由记账人员签名或者盖章。通常采用的纠正方法如下：

方法一：从空行或空页的摘要栏到余额栏，用红笔划交叉对角线予以注销，并由记账人员和会计主管人员在交叉处签名或盖章。

空行注销示例（划线法）：

应收账款明细账

明细科目：新凯合酒店　　　　　　　　　　　　　　　　　　　　　　　第　页

2023年		凭证号码	摘要	借方	贷方	借或贷	余额
月	日						
3	16		承前页			借	3,000.00
	17	记18	销售产品，款项未收	10,000.00		借	13,000.00
				刘宇	朱胜利		
	20	记21	销售产品，款项未收	5,000.00		借	18,000.00

空页注销示例（划线法）：

应收账款明细账

明细科目：新凯合酒店　　　　　　　　　　　　　　　　　　　　　　　第　页

年		凭证号码	摘要	借方	贷方	借或贷	余额
月	日						
				刘宇	朱胜利		

方法二：在跳行所在行盖上"此行空白"字样的图章，在空页处盖上"此页空白"字样图章，并且同时由记账人员和会计主管人员签名或盖章。

空行注销示例：

应收账款明细账

明细科目：新凯合酒店　　　　　　　　　　　　　　　　　　　　　　　　　　第　　页

2023年		凭证号码	摘要	借方	贷方	借或贷	余额
3	16		承前页			借	3,000.00
	17	记18	销售产品，款项未收	10,000.00		借	13,000.00
			此行空白	刘宁	朱胜利		
	20	记21	销售产品，款项未收	5,000.00		借	18,000.00

空页注销示例：

应收账款明细账

明细科目：新凯合酒店　　　　　　　　　　　　　　　　　　　　　　　　　　第　　页

年		凭证号码	摘要	借方	贷方	借或贷	余额
月	日						
			此页空白	刘宁	朱胜利		

（六）结算余额

凡需要结出余额的账户，结出余额后，应当在"借或贷"等栏内写明"借"或者"贷"的字样。没有余额的账户，应当在"借或贷"栏内写"平"字，并在余额栏内用"Q"表示。现金日记账和银行存款日记账必须逐日结出余额。

银行存款日记账　　　　　　　　　　　　　　　　　　　　　　　　　　　　第　　页

2023年		记账凭证		摘要	收入	支出	结余
月	日	字	号				
3	01			月初余额			10,000.00
	02	记	6	收到货款	5,000.00		15,000.00
	02	记	8	支付货款		15,000.00	Q

（七）账页间转换

每一账页登记完毕结转下页时，应当结出本页合计数余额，写在本页最后一行和下页第一行有关栏内，并在摘要栏内注明"过次页"和"承前页"字样；也可以将本页合计数及金额只写在下页第一行有关栏内，并在摘要栏内注明"承前页"字样。对需要结计本月发生额的账户，结计"过次页"的本页合计数，应当为自本月初起至本页末止的发生额合计数；对需要结计本年累计发生额的账户，结计"过次页"的本页合计数应当为自年初起至本页末止的累计数；对既不需要结计本月发生额也不需要结计本年累计发生额的账户，可以只将每页末的余额结转次页。

银行存款日记账　　　　　　　　　　　　　　　第32页

2023年		记账凭证		摘要	收入	支出	结余
月	日	字	号				
3	13			承前页	50,000.00	400,000.00	100,000.00
	14	记	19	偿还前欠货款		20,000.00	80,000.00
	14	记	23	交税费		20,000.00	60,000.00
				略	略	略	
	28			过次页	150,000.00	640,000.00	60,000.00

银行存款日记账　　　　　　　　　　　　　　　第33页

2023年		记账凭证		摘要	收入	支出	结余
月	日	字	号				
3	28			承前页	150,000.00	640,000.00	60,000.00
	28	记	66	收回应收货款	18,000.00		78,000.00

二、登记总账

总账登记方法。经济业务少的小型单位，可以根据记账凭证逐笔登记；经济业务多的大中型单位，可以根据记账凭证汇总表（又称科目汇总表）或汇总记账凭证等定期登记。

（一）根据记账凭证逐笔登记法

逐笔登记法是直接根据记账凭证逐笔连续登记各个账户的一种方法，优点是简单明了，易于理解，总分类账可以反映经济业务的详细情况，缺点是登记总分类账的工作量较大。其登记要点如下：

（1）将记账凭证的日期和编号记入相应账户的"年、月、日"栏和"凭证号数"栏；

根据记账凭证
逐笔登记总账

（2）填写"摘要"栏；

（3）把应借、应贷的金额记入该账户的"借方"栏或"贷方"栏；

（4）每笔经济业务登记完毕后应结出余额，并判断余额性质是借还是贷，然后填到"借或贷"栏。

（二）根据科目汇总表定期登记法

科目汇总表定期登记法是指按照一定方法，定期将所有的会计凭证汇总编制成汇总记账凭证或科目汇总表，再据以登记各个账户的一种方法。其优点是减轻了登记总分类账的工作量，并且科目汇总表可以起到试算平衡的作用，缺点是科目汇总表不能反映各个账户之间的对应关系，不利于对账目进行检查。

根据科目汇总表汇总登记总账的要点如下：

（1）定期将所有记账凭证汇总编制科目汇总表；

（2）将科目汇总表的日期和编号记入相应账户账页的"年、月、日"栏和"凭证号数"栏，登记日期应为汇总期间的最后一天，如按旬汇总，则登记日期分别为10日、20日、30日（或其他月末日）；

（3）填写"摘要"栏，"摘要"栏应注明汇总期间，如写成"1—10日发生额"；

（4）把应借、应贷的金额记入该账户的"借方"栏或"贷方"栏；

（5）每笔经济业务登记完毕后应结出余额，并判断余额方向是借还是贷，然后填到"借或贷"栏。

科目汇总表

2023年3月01日—3月10日　　　　　　　　　　　　　　　　　　　　　　科汇字第01号

会计科目	借方	贷方
银行存款	10,000.00	10,000.00
应收账款	3,000.00	
...	...	...
合计	160,000.00	160,000.00

科目汇总表

2023年3月11日—3月20日　　　　　　　　　　　　　　　　　　　　　　科汇字第02号

会计科目	借方	贷方
银行存款		12,000.00
应收账款	6,000.00	5,000.00
...	...	...
合计	150,000.00	150,000.00

科目汇总表

2023年3月21日—3月31日　　　　　　　　　　　　　　　　　　　科汇字第03号

会计科目	借方	贷方
银行存款	26,000.00	8,000.00
应收账款	9,000.00	6,000.00
...	...	...
合计	200,000.00	200,000.00

根据上述科目汇总表登记总账如下：

应收账款总账　　　　　　　　　　　　　　　　　第　页

2023年		凭证号码	摘要	借方	贷方	借或贷	余额
月	日						
3	01		期初余额			借	1,000.00
	10	科汇01	1—10日发生额	3,000.00		借	4,000.00
	20	科汇02	11—20日发生额	6,000.00	5,000.00	借	5,000.00
	31	科汇03	21—31日发生额	9,000.00	6,000.00	借	8,000.00
	31		本月合计	18,000.00	11,000.00	借	8,000.00

三、登记明细账

（1）明细分类账一般根据记账凭证和相应的原始凭证进行登记。登记三栏式明细账，登记方法基本与逐笔登记总账相同。

（2）登记多栏式明细账。即在这种格式账页的借方或贷方金额栏内，按照明细项目设若干专栏。如生产成本明细账。

（3）登记数量金额式明细账。按材料名称及规格开设明细账；在账页左上角填写材料名称及规格，在账页右上角填写计量单位，存放地点等；日期、凭证号、摘要与记账凭证记载内容相同，在摘要栏第一栏注明上年结转字样，并在结存余额栏目登记上年转入的数量、单价和金额；入库原材料数量根据验收入库数量填列，单价根据材料成本计算结果填列，金额按相应计算结果填列；发出数量依据领用出库数量填列，单价可采用先进先出法、后进先出法、加权平均法等计算方法填列。

四、总账与明细账的平行登记方法

平行登记是指对所发生的每项经济业务都要以会计凭证为依据，一方面记入有关总账账户，另一方面记入所辖明细类账户的方法。登记的要点如下。

（一）借贷登记方向相同

在总分类账户及其所辖的明细分类账户中，登记同一项经济业务时，方向应当相同。

（二）期间一致

发生的经济业务，记入总分类账户和所辖明细分类账户的具体时间可以有先后，但应在同一个会计期间记入总分类账户和所辖明细分类账户。

（三）金额相等

记入总分类账户的金额必须与记入其所辖的一个或几个明细分类账户的金额合计数相等。即总账账户本期发生额＝所属明细账账户本期发生额合计数；总账账户期末余额＝所属明细账账户期末余额合计数。

任务三　结　账

【实训目的】

通过实训，学生能够灵活地运用查找错账的方法，具有错账更正、账簿结账的能力。

【实训任务】

1. 正确查找错账。
2. 按照规范纠正错账。
3. 按照账簿登记要求结账。

【业务1】准备结账时，试算不平衡有0.16元的错误数，可以采用尾数法，即查找尾数的错误，缩小查找范围，可以提高效率吗？

解答：可以。尾数法是查找元以下，即角分的错数的方法。错误数是小数，可以专门查找尾数的错误，缩小查找范围，提高效率。如错数是0.18、0.65都可以采用这种方法。

【业务2】北京绮梦纺织品有限公司，2023年2月28日计提应交城市维护建设税300元。编制记账凭证并登记相应账簿，当日发现记账凭证所记载的会计科目管理费用有误（正确是税金及附加），请根据所学内容进行更正。

红字更正法

解答： 用红字填写一张与原记账凭证完全相同的记账凭证，在摘要栏内写明"注销某月某日某号凭证"，并据以用红字登记入账。然后用蓝字填写一张正确的记账凭证，并据以这张蓝字记账凭证登记入账。

【业务3】请判断下列办理结账的业务是否正确？

1. 10月末

主营业务收入明细账

会计科目：双人床单　　　　　　　　　　　　　　　　　　　　　　　　第　页

2023年		凭证号码	摘要	借方	贷方	借或贷	余额
月	日						
10	01		承前页		30,000.00	贷	30,000.00
	02		略	略	5,000.00	贷	25,000.00
	20		略	略		10,000.00	贷	35,000.00
	25		略	略	35,000.00		平	Ø
	31		本月合计	40,000.00	40,000.00	平	Ø
	31		本年累计	200,000.00	200,000.00		

2. 12月末

主营业务收入明细账

会计科目：双人床单　　　　　　　　　　　　　　　　　　　　　　　　第　页

2023年		凭证号码	摘要	借方	贷方	借或贷	余额
月	日						
12	01		承前页		30,000.00	贷	30,000.00
	02		略	略	5,000.00	贷	25,000.00
	20		略	略		10,000.00	贷	35,000.00
	25		略	略	35,000.00		平	Ø
	31		本月合计	40,000.00	40,000.00	平	Ø
	31		本年累计	200,000.00	200,000.00		

解答： 正确

【实训引导】

一、查找错账方法

会计人员在结账时，如果出现试算不平衡，说明在记账或结账过程中的某个环节发生了错误，应该根据具体情况具体分析，灵活运用科学的方法迅速查找，不得拖延，更不允许伪造平衡。查找错账可以运用以下方法。

（一）逆查法

逆查法是指沿着"试算→结账→过账→制证"的逆账务处理程序，从尾到头进行普遍检查，首先检查试算平衡表有无抄写和计算错误（复核表内各栏金额合计数是否平衡；检查试算平衡表内各账户的期初余额加减本期发生额是否等于期末余额；核对试算平衡表内账户的各栏余额是否抄错）；其次检查各账户的发生额及余额的计算是否正确。再次将凭证与账簿记录逐笔核对，检查过账有无错误，是否有漏记、重记等情况。最后检查记账凭证的填制是否正确。

（二）顺查法

顺查法是指沿着"制证→过账→结账→试算"的顺序，按账务处理的程序从头到尾进行普遍检查的方法。

（三）个别检查法

个别检查法是根据账簿记录中最常见的规律，进行个别账目的核对，推测错账的类型及与错账有关的记录进行查账的方法。一般包括以下几种。

1. 差数法

差数法是直接以账账之间的差数来查找错误的方法。记账人员根据差数回忆和查找在凭证或账簿中有无此数。这种方法适用于查找由于笔误、重记或漏记的错误。如1误为7，会发生6的差数。

2. 除2法

除2法是将账账之间的差数除以2，按商数来分析判断查找错误的方法，这种方法适用于查找记账方向错误的错账。

3. 除9法

除9法是将账账之间的差数除以9，根据商数来分析判断查找错误的方法，这种方法适用于查找数字错位和邻数颠倒所引起的错误。

4. 尾数法

尾数法是查找元以下，即角分的错数的方法。错误数是小数，可以专门查找尾数的错误，缩小查找范围，提高效率。如错数是0.18、0.65可以采用这种方法。

二、更正错账方法

在记账过程中，由于种种原因会使账簿记录发生错误。账簿记录发生错误，应当采用正确、规范的方法予以更正，不得涂改、挖补、刮擦或者用药水消除字迹，不得重新抄写。错账更正的方法一般有划线更正法、红字更正法和补充登记法三种。

（一）划线更正法

在结账前发现账簿记录有文字或数字错误，而记账凭证没有错误的，应当采用划线更正法。更正时，可在错误的文字或数字上划一条红线，在红线的上方填写正确的文字或数字，并由更正人（记账人员）和会计机构负责人（会计主管人员）在更正处盖章，以明确责任。需要注意的是，对于数字错误更正时不得只划销错误数字，应将全部数字划销，并保持原有数字清晰可辨，以便审查。例如，把"6328.00"元误记为"8328.00"元时，应将错误数字"8328.00"全部用单杠红线划销后，再写上正确的数字"6328.00"，而不是只删改一个"8"字。如记账凭证中的文字或数字发生错误，在尚未过账前，也可用划线更正法进行更正。

应收账款总账　　　　　　　　　　第　页

2023年		凭证号码	摘要	借方	贷方	借或贷	余额
月	日						
3	20		承前页			借	60,000.00
	20	记26	未收到新凯合酒店货款	18,000.00		借	78,000.00
	20	记30	朱胜利 瑞　刘宁 未收到北京润庭酒店货款	5,687.00 ~~5,678.00~~	朱胜利 刘宁	借	83,687.00 ~~83,678.00~~

（二）红字更正法

（1）记账后发现记账凭证中应借、应贷会计科目有错误从而引起的记账错误。更正方法是：用红字填写一张与原记账凭证完全相同的记账凭证，在摘要栏内写明"注销某月某日某号凭证"，并据以用红字登记入账，以示注销原记账凭证，然后用蓝字填写一张正确的记账凭证，并据以用蓝字登记入账。

（2）记账后发现记账凭证和账簿记录中应借、应贷会计科目无误，只是所记金额大于应记金额所引起的记账错误。更正方法是：按多记的金额用红字编制一张与原记凭证应借、应贷科目完全相同的记账凭证，在摘要栏内写明"冲销某月某日第×号记账凭证多记金额"，以冲销多记的金额，并据以用红字登记入账。

（三）补充登记法

记账后发现记账凭证和账簿记录中应借、应贷会计科目无误，只是所记金额小于应记金额时，应当采用补充登记法。更正方法是：按少记的金额用蓝字填制一张与原记账凭证应借、应贷科目完全相同的记账凭证，在摘要栏内写明"补记某月某日第×号记账凭证少记金额"，以补充少记的金额，并据以登记入账。

三、结账

（一）结账程序

结账是将账簿记录定期结算清楚的会计工作。在一定时期结束时（如月末、季末或年末），为编制财务报表，需要进行结账，具体包括月结、季结和年结。

结账的逻辑是结清各种损益类账户，据以计算确定本期利润；结出各资产、负债和所有者权益账户的本期发生额合计和期末余额。

结账前要查明本报告期内所发生的经济业务是否全部登记入账，对漏记和未记的账项应及时补记，对错账进行更正。在本期发生的各项经济业务已全部入账的基础上，根据权责发生制原则的要求，对本期内应转账的业务包括应收、应付款项，收入、费用、成本的结转，资产计提减值准备、财产清查等进行调整入账，正确计算本期应计收入和应计费用。

（二）结账的基本方法

结账时，应当结出每个账户的期末余额。需要结出当月发生额的，应在"摘要"栏内注明"本月合计"字样，并在下面通栏划单红线；如果本月只发生一笔经济业务，结账时只要在此项记录下划一条红线，表示与下月的发生额分开就可以了。需要结出本年累计发生额的，应当在"摘要"栏内注明"本年累计"字样，并在下面通栏划单红线，"本月合计"行已有余额的，"本年累计"行就不必再写余额了。12月末的"本年累计"就是全年累计发生额，全年累计发生额下面应通栏划双红线。年度终了结账时，所有总账账户都应结出全年发生额和年末余额。

根据《会计基础工作规范》的规定，月结划单线，年结划双线。划线时，应划红线；划线应划通栏线，不应只在本账页中金额部分划线。结账划线的目的是突出本月合计数及月末余额，表示本会计期间的会计记录已经截止并结束，并将本期与下期的记录明显分开。

（三）结账具体操作

（1）对不需按月结计本期发生额的账户，如各项应收、应付款明细账和各项财产物资明细账等，每次记账以后，都要随时结出余额，每月最后一笔余额是月末余额。月末结账时，只需要在最后一笔经济业务记录下面通栏划一条单红线，不需要再次结计余额。

结账1

（2）现金日记账和银行存款日记账每日业务终了，出纳员按时间先后顺序逐笔登记，必须结出本日余额，现金日记账余额应与当日库存现金核对。

库存现金、银行存款日记账和需要按月结计发生额的收入、费用等明细账，每月结账时，要在最后一笔经济业务记录下面通栏划单红线，结出本月发生额和余额，在摘要栏内注明"本月合计"字样，并在下面通栏划单红线。

结账2

（3）主营业务收入、成本费用明细账等需要结计本年累计发生额。操作方法为：每月结账时，在"本月合计"行下结出自年初起至本月末止的累计发生额，登记在本月份发生额下面，在摘要栏内注明"本年累计"字样，并在下面通栏划单红线。12月末的"本年累计"就是全年累计发生额，全年累计发生额下面通栏划双红线。

结账3

（4）总账账户平时只需结出月末余额。年终结账时，为总括反映全年各项资金运动情况的全貌，核对账目，要将所有总账账户结出全年发生额和年末余额，在摘要栏内注明"本年合计"字样，并在合计数下面通栏划双红线。

（5）在年度终了结账时，如果出现有余额的账户，处理方法为：应将其余额结转下年，并在摘要栏注明"结转下年"字样；在下一会计年度新建有关账户的第一行余额栏内填写上年结转的余额，并在摘要栏注明"上年结转"或"年初结转"字样，使年末有余额账户的余额如实地在账户中加以反映，以免混淆有余额的账户和无余额的账户。

应交税费总账

第　页

2023年		凭证号码	摘要	借方	贷方	借或贷	余额
月	日						
12	09		承前页			贷	12,000.00
	12	略	略	5,000.00		贷	7,000.00
		略	略	略		略	略
	31	略	略		1,000.00	贷	700.00
	31		本年合计	116,000.00	138,000.00	贷	700.00

双红线

结转下年

应交税费总账

第　页

2024年		凭证号码	摘要	借方	贷方	借或贷	余额
月	日						
1	01		上年结转			贷	700.00

【单项实训练习】

【实训练习1】

背景资料：北京绮梦纺织品有限公司，法人代表闫瑞，财务经理朱胜利，稽核会计李平，记账会计李宁，出纳员金一。启用新2023年银行存款日记账，账簿编号23-02，账簿页数100页。请大家填写账簿的扉页，即"账簿启用登记和经管人员一览表"。

账簿启用登记和经管人员一览表

单位名称						单位公章			
账簿名称				第 册					
账簿编号									
账簿页数									
启用日期									
经管人员	单位主管		会计主管		稽核		记账		
	姓名	盖章	姓名	盖章	姓名	盖章			
交接记录	经营人员		接管				交出		
	职别	姓名	年	月	日	盖章	年	月	日	盖章

【实训练习2】

根据项目二单项实训练习中填制的记账凭证，登记相关的总分类账簿、明细分类账簿，并办理月结账。

北京绮梦纺织品有限公司，2023年9月初余额资料如下：

账户余额表

账户名称	借方余额	账户名称	贷方余额
库存现金	8,000.00	短期借款	100,000.00
银行存款	220,000.00	应付账款	244,860.00
原材料	245,000.00		
应收账款	635,800.00		
其他应收款	25,000.00		
…	…	…	…

该公司部分明细账户期初余额如下：

"原材料——2.4米棉布"账户：（类别YCK，编号001，规格2.4，单位米）1100米，单价10元，价值11,000元。

"原材料——3.0 米棉布"账户：（类别 YCK，编号 002，规格 3.0，单位米）数量 800 米，单价 13.5 元，成本 10,800 元。

"应付账款——华鑫布业纺织"账户：120,560 元。

"库存商品——单人床单"账户：数量 600 件，金额 30,000 元。

"库存商品——双人床单"账户：数量 300 件，金额 24,000 元。

单项实训练习答案

【实训练习3】

北京绮梦纺织品有限公司，2023 年 3 月 31 日计提应交城市维护建设税 560 元，编制记账凭证并登记相应账簿。31 日发现记账凭证记录 650 元并以此登记相关账簿，请根据所学内容进行更正。

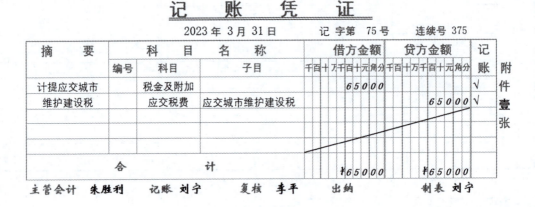

税金及附加明细账   第　　页

2023年		凭证号码	摘要	借方	贷方	借或贷	余额
月	日						
3	31	记75	计提城市维护建设税	650.00		借	650.00

应交税费——应交城市维护建设税明细账   第　　页

2023年		凭证号码	摘要	借方	贷方	借或贷	余额
月	日						
3	01		期初余额			贷	300.00
	15	记33	缴纳税费	300.00		平	Q
	31	记75	计提城市维护建设税		650.00	贷	650.00

项目四

编制财务会计报告

案例导入

会计又背锅了！编制虚假财务会计报告贷款触犯刑律

被告人袁某、秦某为某市××有限公司会计人员，被告人王某为该公司法人代表，2012年7月—2013年8月期间，法人代表指使两名会计为骗取银行贷款编制虚假财务报表，骗取银行贷款810万元，最终判决法人代表王某骗取银行贷款罪，给予有期徒刑2年六个月，并处罚金，两名会计人员袁某、秦某被公安机关取保候审！

《中华人民共和国会计法》第四十条规定：因有提供虚假财务会计报告，做假账，隐匿或者故意销毁会计凭证、会计账簿、财务会计报告，贪污，挪用公款，职务侵占等与会计职务有关的违法行为被依法追究刑事责任的人员，不得再从事会计工作。

《中华人民共和国会计法》第四十三条规定：伪造、变造会计凭证、会计账簿，编制虚假财务会计报告，构成犯罪的，依法追究刑事责任。

有前款行为，尚不构成犯罪的，由县级以上人民政府财政部门予以通报，可以对单位并处五千元以上十万元以下的罚款；对其直接负责的主管人员和其他直接责任人员，可以处三千元以上五万元以下的罚款；属于国家工作人员的，还应当由其所在单位或者有关单位依法给予撤职直至开除的行政处分；其中的会计人员，五年内不得从事会计工作。

《中华人民共和国刑法》第一百九十三条规定：有下列情形之一，以非法占有为目的，诈骗银行或者其他金融机构的贷款，数额较大的，处五年以下有期徒刑或者拘役，并处二万元以上二十万元以下罚金；数额巨大或者有其他严重情节的，处五年以上十年以下有期徒刑，并处五万元以上五十万元以下罚金；数额特别巨大或者有其他特别严重情节的，处十年以上有期徒刑或者无期徒刑，并处五万元以上五十万元以下罚金或者没收财产：

（一）编造引进资金、项目等虚假理由的；
（二）使用虚假的经济合同的；

（三）使用虚假的证明文件的；
（四）使用虚假的产权证明作担保或者超出抵押物价值重复担保的；
（五）以其他方法诈骗贷款的。

案例解读与思考

首先，会计人员编制虚假财务报表提交给银行，用于获取贷款的行为已经触犯了刑法，属于诈骗银行的贷款。其次，编制虚假的财务报告，触犯了会计法。会计人员会受到法律制裁，承担刑事责任，并不得再从事会计工作。即使情节轻微尚不构成犯罪的，五年内也不得从事会计工作。所以，会计人员应当具备诚实守信、不作假账的职业操守，要具备责任感，同时保持独立性，做到客观公正，不受外部干扰和影响，遵守法律法规，保护职业声誉。

知识目标

1. 了解财务会计报告的含义。
2. 掌握资产负债表的结构及编制方法。
3. 掌握利润表的结构及编制方法。
4. 理解报表之间的勾稽关系。

能力目标

1. 能按照财务会计报告的编制方法及要求编制资产负债表。
2. 能按照财务会计报告的编制方法及要求编制利润表。

素质目标

1. 培养学生客观公正能力。
2. 培养学生团队协作能力。
3. 培养学生基本职业技能能力。

任务一　认知财务报告

【实训目的】

通过实训，学生能够认知企业资产负债表和利润表的整体结构，具有编制财务报表前期准备工作的能力。

【实训任务】

【业务1】 资产负债表是根据（　　）会计恒等式，按照各具体项目的性质和功能作为分类标准，依次将某一特定日期的资产、负债、所有者权益的具体项目予以适当的排列编制而成。

解答：资产＝负债＋所有者权益

【业务2】 利润表表体部分的基本结构主要根据（　　）会计等式，按照各具体项目的性质和功能作为分类标准，依次将某一会计期间的收入、费用和利润的具体项目予以适当的排列编制而成。

解答：收入－费用＝利润

【业务3】 2023年半年期报告资产负债表日是指（　　）月（　　）日，年度报告的资产负债表日是指（　　）月（　　）日。

解答：半年期报告是6月30日，年度报告是12月31日。

【业务4】 货币资金、存货、固定资产、应收账款项目是否属于资产负债表中的资产类项目。

解答：属于。

【实训引导】

资产负债表

报表名称：资产负债表
编制单位名称：北京绮梦纺织品有限公司
特定日期：2023年12月31日
计量单位：金额单位：元
报表编号：会企01表

资产	期末余额	年初余额	负债和所有者权益(股东权益)	期末余额	年初余额
流动资产：			流动负债		
货币资金			短期借款		
交易性金融资产			交易性金融负债		
衍生金融资产			衍生金融负债		
应收票据			应付票据		
应收账款			应付账款		
应收款项融资			预收款项		
预付款项			合同负债		
其他应收款			应付职工薪酬		
存货			应交税费		
合同资产			其他应付款		
持有待售资产			持有待售负债		
一年内到期的非流动资产			一年内到期的非流动负债		

资产	期末余额	年初余额	负债和所有者权益（股东权益）	期末余额	年初余额
其他流动资产			其他流动负债		
流动资产合计			流动负债合计		
非流动资产			非流动负债		
债权投资			长期借款		
其他债权投资			应付债券		
长期应收款			其中：优先股		
长期股权投资			永续债		
其他权益工具投资			租赁负债		
其他非流动金融资产			长期应付款		
投资性房地产			预计负债		
固定资产			递延收益		
在建工程			递延所得税负债		
生产性生物资产			其他非流动负债		
油气资产			非流动负债合计		
使用权资产			负债合计		
无形资产			所有者权益（或股东权益）		
开发支出			实收资本（或股本）		
商誉			其他权益工具		
长期待摊费用			其中：优先股		
递延所得税资产			永续债		
其他非流动资产			资本公积		
非流动资产合计			减：库存股		
			其他综合收益		
			专项储备		
			盈余公积		
			未分配利润		
			所有者权益（或股东权益）合计		
资产总计			负债和所有者权益（或股东权益）总计		

试算平衡：资产各项目的合计金额 = 负债 + 所有者权益各项目的合计金额

一、认知资产负债表

　　资产负债表是反映企业在某一特定日期财务状况的报表，是对企业特定日期的资产、负债和所有者权益的结构性表述。它反映企业在某一特定日期所拥有或控制的经济资源、所承担的现时义务和所有者对净资产的要求权。其中，特定日期分别指会计期间中会计年度的年末（如 12 月 31 日）及中期的月末（每月月末如 1 月 31 日）、季末（每季度季末如 3 月 31 日）和半年末（如 6 月 30 日）等。

　　资产负债表主要由表首、表体两部分组成。表首部分应列明报表名称、编制单位名称、资产负债表日、报表编号和计量单位；表体部分是资产负债表的主体，列示了用以说明企业财务状况的各个项目。

　　资产负债表的表体格式一般有报告式资产负债表和账户式资产负债表两种。我国企业的资产负债表采用账户式结构，分为左右两边，左边为资产项目，大体按资产的流动性强弱排列，反映全部资产的分布及存在状态；右边列示负债和所有者权益各项目，按要求清偿期限短长的先后顺序排列，表明负债具有优先偿还的要求权，所有者权益对负债具有担保责任。反映全部负债和所有者权益的内容及构成情况。

　　最后一行试算平衡：资产各项目的合计金额 = 负债 + 所有者权益各项目的合计金额。

表首

利　润　表

一定会计期间

会企 02 表

编制单位：北京绮梦纺织品有限公司　　2023 年 12 月　　金额单位：元

项目	本期金额	上期金额
一、营业收入		
减：营业成本		
税金及附加		
销售费用		
管理费用		
研发费用		
财务费用		
其中：利息费用		
利息收入		
加：其他收益		
投资收益（损失以"—"号填列）		
其中：对联营企业和合营企业的投资收益		
以摊余成本计量的金融资产终止确认收益（损失以"—"号填列）		
净敞口套期收益（损失以"—"号填列）		

项目	本期金额	上期金额
公允值变动收益（损失以"—"号填列）		
资产减值损失（损失以"—"号填列）		
信用减值损失（损失以"—"号填列）		
资产处置收益（损失以"—"号填列）		
二、营业利润（亏损以"—"号填列）		
加：营业外收入		
减：营业外支出		
三、利润总额（亏损以"—"号填列）		
减：所得税费用		
四、净利润		
（一）持有经营净利润（净亏损以"—"号填列）		
（二）终止经营净利润（净亏损以"—"号填列）		
五、其他综合收益的税后净额		
……		
六、综合收益总额		
七、每股收益		
（一）基本每股收益		
（二）稀释每股收益		

（左侧大括号标注"表体"）

二、认知利润表

利润表又称损益表，主要由表首、表体两部分组成。表首部分应列明报表名称、编制单位名称、编制日期、报表编号和计量单位；表体部分是利润表的主体，列示了形成经营成果的各项目和计算过程。

利润表的表体结构有单步式和多步式两种。我国企业的利润表采用多步式格式，即通过对当期的收入、费用、支出项目按性质加以归类，按利润形成的主要环节列示一些中间性利润指标，分步计算当期净损益，以便财务报表使用者理解企业经营成果的不同来源。利润表的金额栏分为"本期金额"和"上期金额"两栏分别填列（企业需要提供比较利润表）。

三、财务报表编制前期准备工作

（1）在编制财务会计报表前，特别是在编制年度财务会计报表前，对单位的财产物资要进行盘点清查，检查账实是否相符。如发现账实不符，应查明原因，并按规定及时调整账目。做到账实相符。

（2）核对各会计账簿记录与会计凭证的内容、金额等是否一致，记账方向是否相符。

（3）依照规定的结账日进行结账，结出有关会计账簿的余额和发生额，并核对各会计账簿之间的余额。

（4）检查相关的会计核算是否按照国家统一的会计制度准则的规定进行。

（5）对于国家统一的会计制度准则没有规定统一核算方法的交易、事项，检查其是否按照会计核算的一般原则进行确认和计量，以及相关账务处理是否合理。

（6）检查是否存在因会计差错、会计政策等需调整前期或者本期相关项目。

四、编制要求

（1）企业应当按照国家统一的会计制度准则规定的财务会计报告格式和内容，根据登记完整、核对无误的会计账簿记录和其他有关资料编制财务会计报告，做到内容完整、数字真实、计算准确，不得漏报或者任意取舍、报送及时、手续完整。

（2）会计报表之间、会计报表各项目之间，凡有对应关系的数字，应当相互一致；会计报表中本期与上期的有关数字应当相互衔接。

（3）会计报表内的文字和数字必须工整清晰，不得潦草；填写出现差错时，应按照规定方法更正，并加盖制表人印章。

（4）会计报表的填列，以人民币"元"为金额单位，"元"以下填至"分"。出现负数的项目，应以"-"号表示，"-"号应在数字之前占两个数字格。

（5）会计报表附注和财务情况说明书应当按照有关规定，对会计报表中需要说明的事项做出真实、完整、清楚的说明。

五、资产负债表和利润表的关系

（1）资产负债表和利润表的内在勾稽关系是"资产＝负债＋所有者权益"和"收入－费用＝利润"，这两个公式内在联系的反映，即本期损益发生后，资产负债表中的等量关系实为将两个公式合并后的转化公式：

资产＝负债＋所有者权益＋（收入－费用）

其中"资产"里面包含利润，因为此时利润的表现形式是资产。

（2）资产负债表"未分配利润"科目期末数－"未分配利润"科目期初数＝利润表"净利润"科目累计数。

（3）资产负债表中的"未分配利润"与利润表附表中"利润分配"中的"未分配利润"相等。需要注意的是，这个未分配利润是企业的累计利润，不是本期利润。

（4）资产负债表和利润表两者反映的对象相同。其实简单来说，两表的相同点就是反映的都是资金运动。不同的是，资产负债表反映的是资金的静态表现，也就是某一时点上资金的状况；而利润表反映的是资金运动的动态表现，反映其一时期的经营状况。

（5）资产负债表和利润表都是总结性的报告，都是经济业务的综合反映。

资产负债表和利润表的作用是用来相互补充和诠释的。正确利用勾稽关系可以帮助减少差错，保证会计报表的准确性。

任务二　编制资产负债表

【实训目的】

通过实训，学生能够规范的编制企业资产负债表，搭建"资产＝负债＋所有者权益"的逻辑思维框架。

【实训任务】

【业务 1】根据北京绮梦纺织品有限公司 2022 年 12 月 31 日相关账户余额，编制 2022 年 12 月 31 日的资产负债表。总分类账户余额资料见下表。

相关账户

总账科目名称	账户余额	
	借方	贷方
库存现金	8,000.00	
银行存款	220,000.00	
应收账款	635,800.00	
其他应收款	25,000.00	
原材料	13,500.00	
在途物资	18,000.00	
库存商品	545,060.00	
固定资产	946,000.00	
累计折旧		120,000.00
短期借款		100,000.00
应付账款		244,860.00
其他应付款		12,500.00
预收账款		200,000.00
应付利息		
应付职工薪酬		186,000.00
应交税费		48,000.00

续表

总账科目名称	账户余额	
	借方	贷方
生产成本		
实收资本		900,000.00
资本公积		180,000.00
盈余公积		220,000.00
本年利润		
利润分配		200,000.00
合计	2,411,360.00	2,411,360.00

资产负债表

会企 01 表

编制单位：北京绮梦纺织品有限公司　　　　2022 年 12 月 31 日　　　　金额　单位：元

资产	期末余额	年初余额	负债和所有者权益（股东权益）	期末余额	年初余额
流动资产：			流动负债：		
货币资金			短期借款		
交易性金融资产			交易性金融负债		
衍生金融资产			衍生金融负债		
应收票据			应付票据		
应收账款			应付账款		
应收款项融资			预收款项		
预付款项			合同负债		
其他应收款			应付职工薪酬		
存货			应交税费		
合同资产			其他应付款		
持有待售资产			持有待售负债		
一年内到期的非流动资产			一年内到期的非流动负债		
其他流动资产			其他流动负债		
流动资产合计			流动负债合计		
非流动资产：			非流动负债：		
债权投资			长期借款		

续表

资产	期末余额	年初余额	负债和所有者权益（股东权益）	期末余额	年初余额
其他债权投资			应付债券		
长期应收款			其中：优先股		
长期股权投资			永续债		
其他权益工具投资			租赁负债		
其他非流动金融资产			长期应付款		
投资性房地产			预计负债		
固定资产			递延收益		
在建工程			递延所得税负债		
生产性生物资产			其他非流动负债		
油气资产			非流动负债合计		
使用权资产			负债合计		
无形资产			所有者权益（或股东权益）		
开发支出			实收资本（或股本）		
商誉			其他权益工具		
长期待摊费用			其中：优先股		
递延所得税资产			永续债		
其他非流动资产			资本公积		
非流动资产合计			减：库存股		
			其他综合收益		
			专项储备		
			盈余公积		
			未分配利润		
			所有者权益（或股东权益）合计		
资产总计			负债和所有者权益（或股东权益）总计		

资产负债表解答

【实训引导】

一、编制资产负债表的逻辑

（以业务 1 的资料为例展开详细介绍）

资产负债表是根据"资产＝负债＋所有者权益"这一平衡公式，按照各具体项目的性质和功能作为分类标准，依次将某一特定日期的资产、负债、所有者权益的具体项目予以适当的排列编制而成。

二、填列资产负债表所列项目的方法

资产负债表各项目均需填列"期末余额"和"上年年末余额"两栏。资产负债表的"上年年末余额"栏内各项数字，应根据上年年末资产负债表的"期末余额"栏内所列数字填列。如果上年度资产负债表规定的各个项目的名称和内容与本年度不一致，应按照本年度的规定对上年年末资产负债表各项目的名称和数字进行调整，填入本表"上年年末余额"栏内。

资产负债表的"期末余额"栏主要有以下几种填列方法：

（1）根据总账科目期末余额直接填列。

如"短期借款"填制 100,000；

"实收资本"填制 900,000；

"资本公积"填制 180,000；

"盈余公积"填制 220,000；

"应付职工薪酬"填制 186,000；

"应交税费"填制 48,000。

（2）根据同类总账科目的期末余额分析计算填列。

如"货币资金"项目，为"库存现金""银行存款""其他货币资金"三个总账科目的期末余额的合计数填列，即 8,000+220,000=228,000。

（3）根据明细账科目余额计算填列。

（4）根据总账科目和明细账科目余额分析计算填列。

（5）根据有关科目余额减去其备抵科目余额后的净额填列。

"固定资产"项目，应根据"投资性房地产""固定资产"科目的期末余额，减去"投资性房地产累计折旧""投资性房地产减值准备""累计折旧""固定资产减值准备"等备抵科目的期末余额，以及"固定资产清理"科目期末余额后的净额填列。如"固定资产"项目，即 946,000−120,000=826,000。

（6）综合运用上述填列方法分析填列。

如资产负债表中的"存货"项目，需要根据"在途物资""原材料""库存商品""生产成本"

等总账科目期末余额的分析汇总数，减去"存货跌价准备"科目余额后的净额填列。

"存货"项目，即 13,500+18,000+545,060=576,560。

任务三 编制利润表

【实训目的】

通过实训学生能够规范地编制企业利润表。

【实训任务】

通过实训，学生能够规范地编制企业利润表，搭建"收入 – 费用 = 利润"的逻辑思维框架。

【业务1】根据2023年2月28日损益类账户发生额资料，编制2023年2月利润表（简表）。

账户发生额

北京绮梦纺织品有限公司　　　　　　　　　　　　　　　　　　　　　　　　单位：元

账户科目名称	账户发生额	
	借方	贷方
主营业务收入		830,000.00
主营业务成本	480,000.00	
其他业务收入		101,200.00
其他业务成本	6,000.00	
税金及附加	48,000.00	
销售费用	81,800.00	
管理费用	4,620.00	
财务费用	180.00	
营业外收入		2,000.00
营业外支出	2,000.00	
所得税费用	77,650.00	

利润表

会企 02 表

编制单位：北京绮梦纺织品有限公司　　　2023 年 2 月　　　　　　　　　　单位：元

项目	本期金额	上期金额
一、营业收入		
减：营业成本		
税金及附加		
销售费用		
管理费用		
研发费用		
财务费用		
其中：利息费用		
利息收入		
加：其他收益		
投资收益（损失以"—"号填列）		
其中：对联营企业和合营企业的投资收益		
以摊余成本计量的金融资产终止确认收益（损失以"—"号填列）		
净敞口套期收益（损失以"—"号填列）		
公允值变动收益（损失以"—"号填列）		
资产减值损失（损失以"—"号填列）		
信用减值损失（损失以"—"号填列）		
资产处置收益（损失以"—"号填列）		
二、营业利润（亏损以"—"号填列）		
加：营业外收入		
减：营业外支出		
三、利润总额（亏损总额以"—"号填列）		
减：所得税费用		
四、净利润（净亏损以"—"号填列）		
（一）持续经营净利润（净亏损以"—"号填列）		
（二）终止经营净利润（净亏损以"—"号填列）		
五、其他综合收益的税后净额		
六、综合收益总额		

解答：

利润表

【实训引导】

编制利润表的逻辑

利润表表体部分的基本结构主要根据"收入－费用＝利润"平衡公式，按照各具体项目的性质和功能作为分类标准，依次将某一会计期间的收入、费用和利润的具体项目，予以适当的排列编制而成。

编制利润表所列项目的方法（以业务1的资料为例展开详细介绍）。

利润表各项目需填列"本期金额"和"上期金额"两栏。其中"上期金额"栏内各项数字，应根据上年该期利润表的"本期金额"栏内所列数字填列。"本期金额"栏内各期数字，除"基本每股收益"和"稀释每股收益"项目外，应当按照相关科目的发生额分析填列。

（1）根据总账发生额分析填列。

"营业收入"项目根据"主营业务收入"和"其他业务收入"总账的发生额分析填列，即830,000+101,200=931,200。

"营业成本"项目根据"主营业务成本"和"其他业务成本"总账的发生额分析填列，即480,000+6,000=486,000。

（2）根据表内数据计算填列。

"营业利润"和"利润总额""净利润"项目，按表中顺序计算得出。

"营业利润"=931,200-486,000-48,000-81,800-4,620-180=310,600。

"利润总额"=310,600+2,000-2,000=310,600。

"净利润"=310,600-77,650=232,950。

【单项实训练习】

【实训要求】

1. 根据实训资料编制资产负债表（资料后附相应报表）。
2. 根据实训资料编制利润表（资料后附相应报表）。

【实训资料1】

北京绮梦纺织品有限公司2023年6月30日各账户的期末余额。

总账、明细账余额表

北京绮梦纺织品有限公司　　　　　　　　　　　　　　　　　　　　　　　　单位：元

账户科目名称	账户余额	
	借方	贷方
库存现金	4,000.00	
银行存款	115,000.00	
应收账款	98,000.00	
——E 单位	100,000.00	
——F 单位		2,000.00
预付账款	49,000.00	
——G 单位	57,000.00	
——H 单位		8,000.00
其他应收款	5,000.00	
在途物资	23,000.00	
原材料	47,000.00	
库存商品	30,800.00	
生产成本	60,000.00	
固定资产	200,000.00	
累计折旧		28,000.00
短期借款		51,200.00
应付票据		25,000.00
应付账款		38,000.00
——A 单位		44,000.00
——B 单位	6,000.00	
预收账款		20,000.00
——C 单位		31,000.00
——D 单位	11,000.00	
其他应付款		3,000.00
应付职工薪酬		90,200.00
应交税费		3,900.00
应付利息		500.00
长期借款		60,000.00

续表

账户科目名称	账户余额	
	借方	贷方
实收资本		200,000.00
资本公积		50,000.00
盈余公积		34,000.00
利润分配		28,000.00
合计	658,800.00	658,800.00

【实训资料2】

北京绮梦纺织品有限公司2023年6月损益类账户发生额。

账户发生额

北京绮梦纺织品有限公司　　　　　　　　　　　　　　　　　　　　　　　　单位：元

账户科目名称	账户发生额	
	借方	贷方
主营业务收入		148,000.00
主营业务成本	89,500.00	
其他业务收入		2,000.00
其他业务成本	500.00	
税金及附加	2,000.00	
销售费用	15,000.00	
管理费用	8,000.00	
财务费用	3,000.00	
营业外收入		20,000.00
营业外支出	2,000.00	
所得税费用	12,500.00	

单项实训练习答案

项目五

管理会计档案

案例导入

隐匿会计账簿,男子获刑一年零六个月

××市××区人民检察院办理一起隐匿、故意销毁会计凭证、会计账簿案。

2017年2月,被告人李某收购了某公司,并接收该公司的12箱会计凭证、会计账簿,接收后存放于××公司的办公室内。在保管期间,李某将1箱会计凭证、会计账簿拆开,取出35本放至其停于公司楼下的轿车内。2019年年底,因××公司搬迁,李某无处存放其保管的会计凭证、会计账簿,遂擅自将10余箱会计凭证、会计账簿当废品出售,其余会计凭证、会计账簿仍放置于轿车内。

2022年5月,办案民警在调查某刑事案件时,要求李某提供上述会计凭证、会计账簿。李某因担心公安机关追查其擅自出售会计凭证、会计账簿的行为,故意隐匿部分会计凭证、会计账簿存放在其轿车的事实,谎称该公司全部会计凭证、会计账簿已经遗失。

2023年2月2日,民警将被告人李某抓获,同日,民警在李某轿车中将剩余的35本会计凭证、会计账簿找到,并进行扣押。

××市××区检察院审查认为,被告人李某在司法机关要求提供其依法应当保存的会计凭证、会计账簿时,故意隐匿,情节严重,其行为已构成隐匿、故意销毁会计凭证、会计账簿罪,遂依法提起公诉。最终,李某获刑一年零六个月,缓刑两年,并处罚金两万元。

案例解读与思考

根据上述案例,就能看到企业对会计档案管理工作的认识不够而造成严重的后果。为了加强会计档案管理,有效保护和利用会计档案,财政部与国家档案局共同制定了《会计档案管理办法》,财务人员定期整理、装订、归档会计档案是财务工作的基本要求,也是会计档案管理

的实际需要。财务人员要加强会计档案的学习和管理工作，注重自身素质的提高，按照要求对会计档案进行归档、保管，对已到保管期限的会计档案进行鉴定，仍需保管的会计档案，重新划定保管期限；对保管期满，确无保存价值的会计档案，遵循销毁程序进行销毁。会计人员要掌握相关制度，尽职尽责。

知识目标

1. 理解会计档案的含义。
2. 掌握会计档案的种类及保管要求。

能力目标

1. 能按照会计档案装订的要求，装订会计凭证。
2. 能按照会计档案装订的要求，装订账簿。
3. 能按照会计档案装订的要求，装订会计报表。
4. 能按照《会计档案管理办法》的规定，立卷、整理和归档会计档案。
5. 能按照《会计档案管理办法》的规定，保管、借阅和销毁会计档案。

素质目标

1. 培养学生服务意识的职业能力。
2. 强化学生法律意识的职业能力。
3. 培养学生沟通及团队协作的能力。

任务一　装订会计凭证

【实训目的】

通过训练，学生能够掌握会计凭证装订的要求和程序，做到装订标准且规范。

【实训任务】

【业务1】将项目二已审核无误的会计凭证进行整理。
【业务2】将项目二已审核无误的会计凭证进行粘贴。
【业务3】将项目二已审核无误的会计凭证进行装订。

【实训引导】

会计凭证的装订

一、会计凭证的装订方法

（1）左上角包角装订的包角法。其特点是封面和封底分离。

（2）左边装订线处装订的包边法。其特点是封面和封底一体。

这两种方法企业要根据实际情况进行采用，主要是确保会计凭证装订牢固，防止抽换凭证。

二、会计凭证的装订工具

会计凭证的装订工具包括：会计凭证封皮和封底；装订机；装订线绳；装订包角纸；胶水或胶棒；票夹。

三、会计凭证的装订要求

（1）会计凭证不得跨月装订。记账凭证少的，可以一个月装订一本；一个月内凭证数量较多的，可装订成若干册，以分数号来进行编号，并在凭证封面上注明本月总册数和本册数。采用科目汇总表会计核算形式的企业，原则上以一张科目汇总表及所附的记账凭证、原始凭证装订成一册，凭证少的，也可将若干张科目汇总表及相关记账凭证、原始凭证合并装订成一册。

（2）原始凭证折叠成比记账凭证略小的面积，注意装订线的折留方法，仍能展开查看，如果原始凭证过小，可以在记账凭证内分开，均匀粘平。

（3）装订中不得有大头针等铁器。

（4）装订成册的会计凭证必须加盖封面，封面上应注明单位名称、年度、月份和起讫日期、凭证种类、起讫号码，由装订人在装订线封签外签名或者盖章。

（5）装订成册的会计凭证要求既美观大方又便于翻阅，一本凭证，厚度以 1.5~2.0 cm 为宜。

四、会计凭证的装订程序

包角法的装订方法

（一）包角法

（1）整理记账凭证，并将记账凭证按编号顺序码放。

（2）将记账凭证汇总表放在最前面，并放上封面、封底，对齐后，用夹子夹住两长边，保持凭证稳固不散。

（3）在记账凭证左上角放一张包角纸。包角纸要厚一点，其左边和上边与记账凭证取齐。

（4）在凭证的左上角画一个等腰三角形，夹住后用装订机在线上位置平均的打穿两个孔。用针引线穿过两个孔，把线从中间穿过并夹紧，即可把线引过来，在凭证的背面打线结。线绳最好在凭证中端系上。

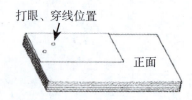

（5）将护角向左上边折，并将一边剪开至凭证的左上角，涂抹胶水，向后折叠，并将侧面和背面的线扣粘牢。

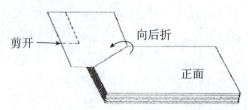

（6）待晾干后，在凭证本的脊背上面写上"某年某月第几册"共几册的字样。装订人在装订线封签处签名或者盖章。

（7）整理凭证捏实包角，确保凭证棱角分明，严实整齐。

（8）填写会计凭证的封面信息。

（二）包边法

（1）整理记账凭证，并将记账凭证按编号顺序码放。

（2）将记账凭证汇总表放在最前面，并放上封面、封底，对齐后，用夹子夹住两长边，保持凭证稳固不散。

包边法的装订方法

（3）按照会计凭证的长度，折叠会计凭证装订的封面，封面朝上，大小与凭证一致，封底从左侧向右侧折叠，这样折叠的目的是将装订线封在凭证封皮内。

（4）将凭证封面放在会计凭证上面，对齐后沿左侧装订线的位置均匀地打三个孔。

（5）采用"三孔一线装订法"，把线从中间穿过并夹紧，即可把线引过来，在凭证的背面打线结，均匀地涂上胶水粘住会计凭证的封底。

（6）待晾干后，在凭证本的脊背上面写上"某年某月第几册共几册"的字样。装订人在装订线封签处签名或者盖章。

（7）填写会计凭证的封面信息。

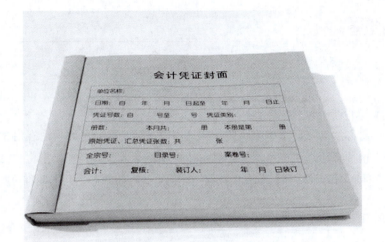

【知识链接】

会计凭证的装订方式

一、从方向上来说，有左边装订线处装订法和左上角包角装订法两种，左上角包角装订法做起来比较美观。

二、记账凭证装订时要将科目汇总表及T型账户表装订进去，这样便于快速查找某笔凭证。虽然现在都是电算化了，但科目汇总表还是应装订进去，这样不看账就能知道当月的发生额。

三、当原始凭证大过记账凭证时，大多数人的做法是先折叠左边的角，再向里面折叠。这样折叠后折叠的角在下面，在查阅时要先拉开折叠的部分，再拉开折叠外的左边边角。另一种方法即先向里折叠后，再折叠左边的角。这样折叠后折叠的角在上面。虽然只是顺序的一转换，但在查阅时，只需把上面的角一拉，即可全部拉开。

任务二　装订会计账簿

【实训目的】

通过训练，学生能够掌握会计账簿装订的要求和程序，做到装订标准和规范。

【实训任务】

【业务1】将项目三已填写完成的会计账簿进行整理。

【业务2】将项目三已整理完成的会计账簿进行装订。

> 【实训引导】

会计账簿的装订要求和程序

一、会计账簿装订的对象

活页式账簿，简称活页账，是将账页装在账夹内便于随时取放的账簿，在启用前没有编写账页顺序号。采用这种账簿，可以根据实际增添账页，不会造成浪费，使用比较灵活，便于分工记账。但是，这种账簿的账页容易散失和被抽换。活页式账簿一般适用于明细分类账。

二、会计账簿装订的要求

（1）按账簿启用表的使用页数，核对各个账户是否相符，账页数是否齐全，序号排列是否连续。

（2）按会计账簿封面、账簿启用表、账户目录、该账簿按页数顺序排列的账页、会计账簿装订封底的顺序进行装订。

（3）在账本的封面上填写好账目的种类，编好卷号，会计主管人员和装订人（经办人）签章。

（4）采用会计电算化的单位，应在年度终了，用A4纸打印账簿，并按上述规定装订。

三、会计账簿装订的程序

（1）将会计账簿整理整齐，并按照一定顺序排列。一般而言，会计账簿的顺序为：封面、账簿启用表、账户目录、账页、封底。先将要装订的账簿放在桌子上，然后将所有的账页摊开，用手轻轻地将账页压平，去除账页上的折痕。

（2）在账簿的最上面放一张白纸，用夹子将账簿的上侧和下侧固定住，确保账页不会散开。

（3）用订书机在账簿的左侧，间隔相等距离均匀地订三个钉，然后取下固定用的夹子。

（4）将账簿最上面放的白纸顺着账簿左侧的边缘向后折叠，形成账簿的包边。

（5）用胶棒将向后折叠的部分粘贴在账簿的底部固定。

（6）待晾干后，将会计账簿翻阅检查一遍，确保没有遗漏。如果有遗漏，应该及时补齐。同时，在账簿的封面上写上必要的记录，如装订日期、装订人姓名等。

> 【知识链接】

活页式账簿需要定期装订成册

会计账簿分为活页账、订本账和卡片账三种，其中活页账和订本账的区别主要体现在外形特征不同，活页账在账簿登记完毕之前并不固定装订在一起，而是装在活页账夹中。而订本账是启用之前就已将账页装订在一起，并对账页进行了连续编号。活页账一般广泛适用于明细账中，这种账簿的账页容易散失和被抽换，所以应定期装订成册。

任务三　装订会计报表

【实训目的】

通过训练，学生能够掌握会计报表装订的要求和程序，做到装订标准和规范。

【实训任务】

【业务1】将项目四已填写完成的会计报表进行整理。

【业务2】将项目四已整理完成的会计报表进行装订。

【实训引导】

会计报表的装订要求和程序

一、会计报表的装订要求

（1）会计报表编制完成及时报送后，留存的报表按月装订成册，谨防丢失。

（2）会计报表装订前要按编报目录核对是否齐全，整理报表页数，上边和左边对齐压平，防止折角，如有损坏部位，应修补后完整无缺地装订。

（3）会计报表装订顺序为：会计报表封面、会计报表编制说明、各种会计报表按会计报表的编号顺序排列、会计报表的封底。

二、会计报表的装订程序

（1）报表审核和整理后，选择合适的装订材料，根据报表大小、页数和重量来确定合适的装订方式。

（2）确定好装订材料后，将装订材料按报表大小切割成合适尺寸。装订封面、封底的规格必须根据报表的大小进行调整，保证报表能够完整地封装在内。

（3）在报表左上角放一张包角纸，包角纸反面与报表左上角取齐，对齐后用票据夹夹住固定。

（4）在报表的左上角画一个等腰三角形，夹住后用订书机在底线上位置平均订两个钉。

（5）将包角向左上边折，涂抹胶水，向后折叠，并将侧面和背面粘牢。

（6）完成装订后，对财务报表进行质量检查，以确保装订质量符合标准和预期。不符合的地方需要及时重新装订。

【知识链接】

每月编写的报表不可以装订在凭证里

每月编制的报表不能装订在凭证里。只有记账凭证汇总表或科目汇总表才能装订在凭证里。报表在年底将1—12月份的报表一起进行装订,并与会计凭证、账簿进行归档保管。

任务四　立卷、整理和归档会计档案

【实训目的】

按照《会计档案管理办法》的规定,学生应掌握会计档案立卷、整理和归档的相关知识。

【实训任务】

1. 整理面积大于记账凭证的原始凭证;
2. 整理面积小于记账凭证的原始凭证;
3. 整理面积略小于记账凭证的原始凭证。

【业务1】"税收通用缴款书"。

中华人民共和国
税收通用缴款书

隶属关系:								
经济类型:			2023年12月15日			征收机关:北京市税务局		
交款单位	代　码	911101154804224836		预算科目	编　码			
	全　称	北京绮梦纺织品有限公司			名　称	城市维护建设税		
	开户银行	中国建设银行北京市大兴区支行			级　次	地方级		
	账　号	41622124713376			代缴国库	北京市支库　经受处		
税款所属时期:2023年11月				税款限缴日期:2023年12月15日				
品目名称	课税数量	计税金额或销售收入		税率或单位税额	已缴或扣除额		实缴金额	
城市维护建设税							3920.00	
金　额	人民币(大写)⊗　叁仟玖佰贰拾元整						¥3920.00	
缴款单位(人)(盖章)经办人(章)	税务机关(盖章)填票人(章)	上列款项已收妥并划转收款单位账户国库(银行)盖章　　　　2023年12月15日					备注:	

解答:业务1"税收通用缴款书"通过观察,该原始凭证的面积大于记账凭证,整理时应按照记账凭证的面积尺寸,将原始凭证先自左向右,再自下向上两次折叠。折叠时应注意将凭证的左上角或左侧面空出,以便于装订后的展开查阅。

【业务2】"车票"。

解答：业务2"车票"通过观察，该原始凭证的面积小于记账凭证，整理时应按一定次序和类别将原始凭证粘贴在一张与记账凭证大小相同的粘贴单上。粘贴时要注意，应尽量将同类、同金额的单据粘在一起；粘贴完成后，应在粘贴单的一旁注明原始凭证的张数和合计金额。

【业务3】"付款申请书"。

解答：业务3"付款申请书"通过观察，该原始凭证面积略小于记账凭证，整理时应用回形针或大头针别在记账凭证后面，待装订凭证时，抽去回形针或大头针。

【实训引导】

会计档案的立卷、整理和归档

一、会计档案的含义

会计档案是指记录和反映经济业务事项的各类会计资料，包括会计凭证、会计账簿、财务会计报告和其他会计资料。它是经济管理和运营过程中不可或缺的一部分，对于企业单位、事业单位和政府机构等组织来说，具有重要的意义和作用。

二、会计档案的分类

（1）会计凭证：原始凭证、记账凭证等。

（2）会计账簿：日记账、总账、明细账、固定资产卡片、其他辅助性账簿等。

（3）财务会计报告：月度、季度、半年度财务报告、年度财务报告等。

（4）其他会计资料：银行存款余额调节表、银行对账单、纳税申报表、会计档案移交清册、会计档案保管清册、会计档案销毁清册、会计档案鉴定意见书等。

三、会计档案的立卷

（1）会计凭证应该在没有结账之前按照时间顺序进行编号，按照编号的顺序，选取相当厚度的会计凭证为一册，并进行装订。

（2）会计账簿应该按照相关的种类和年份分别进行立卷，一本账簿作为一卷。

（3）财务报告应该按照月度、季度和年度分别进行装订立卷，一本财务报告为一卷，决算审核意见书、审计报告等应该与财务报告一同进行装订。

（4）其他会计资料则需要移交到财务管理部的档案柜中进行保存。

四、会计档案的整理和归档

（一）会计凭证

1. 会计凭证整理

会计凭证的整理，主要是对记账凭证所附的原始凭证进行整理。会计实务中收到的原始凭证纸张往往大小不一，因此，需要按照记账凭证的大小进行整理。

整理和粘贴会计凭证

2. 填写会计凭证封面

最主要的是填写整体会计凭证的资料信息，具体需要包括单位名称、记账凭证的起止日期、凭证号数、册数、凭证张数、年度月份、会计人员、复核人员、装订人员等填写要素。

3. 装订

目前，常见的钻孔装订方法主要有凭证封面和封底裁开、在凭证左上角画等腰三角形并用装订机打眼儿，或者用大针引线绳穿过眼儿并在凭证背面打线结等。在装订时，要求所有凭证必须按会计制度规定的顺序依次装订，保持清晰整齐。

4. 填写会计凭证盒正面及侧面

正面应写明单位名称，起止时间，本月共几册、本盒是第几册，记账凭证的起讫编号、张数、保管期限，由会计主管、立卷人分别签名或盖章，严格的大型企业还要编制全宗号、目录号、卷号。侧面应写明哪年，几月共几册，本盒是第几册，记账凭证从第几号到第几号，保管期限，严格的大型企业还要编制全宗号、目录号、卷号。

（二）会计账簿

（1）跨年度连续使用的固定资产等账簿，应在使用完的那个年度归档。

（2）订本账中的空白页不能拆去，应保持账簿本身的完整性。

（3）活页账中的空白页要拆去，然后在剩余账页的左或右上角编上页码，撤账夹，加上账簿封面封底，用脱脂线绳装订成册；并把使用登记表或经管人员一览表填写完整。

（4）会计账簿案卷封面应写明单位名称，账簿名称，所属年度，卷内张数，保管期限，并由会计机构负责人、立卷人签名或盖章。

（三）财务报告

会计报表一般在年度终了后，由专人（一般是主管报表的人员或会计机构负责人）统一收集、整理、装订，并立卷归档。平时，月（季）度报表，由主管人员负责保存。年终，将全年会计报表，按时间顺序整理装订成册，登记会计档案（会计报表）目录，逐项写明报表名称、页数、归档日期等。经会计机构负责人审核，盖章后，由主管报表人员负责装盒归档。

（四）其他

其他会计档案，包括年（季）度成本、利润计划、月度财务收支计划，经济活动分析报告、工资计算表、会计移交清册、档案保管清册、销毁清册，以及一些重要的经济合同，也应随同正式会计档案进行收集整理。但是，这部分资料不全部移交档案部门，有的在一个相当长的时间内，由会计部门保存。这就需要认真筛选，把收集起来的这些资料，逐件进行鉴别，将需移交档案部门保管存放的，按要求另行组卷装订，而后移交档案部门。

采用计算机进行会计核算的单位，应当保存打印出的纸质会计档案，整理方法不变。

【知识链接】

仅以电子形式保存的会计档案

同时满足下列条件的，单位内部形成的属于归档范围的电子会计资料可仅以电子形式保存，形成电子会计档案：

（1）形成的电子会计资料来源真实有效，由计算机等电子设备形成和传输。

（2）使用的会计核算系统能够准确、完整、有效接收和读取电子会计资料，能够输出符合国家标准归档格式的会计凭证、会计账簿、财务会计报表等会计资料，设定了经办、审核、审批等必要的审签程序。

（3）使用的电子档案管理系统能够有效接收、管理、利用电子会计档案，符合电子档案的长期保管要求，并建立了电子会计档案与相关联的其他纸质会计档案的检索关系。

（4）采取有效措施，防止电子会计档案被篡改。

（5）建立电子会计档案备份制度，能够有效防范自然灾害，意外事故和人为破坏的影响。

（6）形成的电子会计资料不属于具有永久保存价值或者其他重要保存价值的会计档案。

满足以上条件，单位从外部接收的电子会计资料附有符合《中华人民共和国电子签名法》规定的电子签名的，可仅以电子形式归档保存，形成电子会计档案。

任务五 保管、借阅和销毁会计档案

【实训目的】

按照《会计档案管理办法》的规定,学生能够掌握会计档案保管、查阅和销毁的相关知识。

【实训任务】

判断以下会计资料属于哪类会计档案并指出其保管期。

【业务 1】现金支票的存根。

解答:业务 1 "现金支票的存根",该资料属于会计凭证档案,保管期限为 30 年。

【业务 2】总账。

解答:业务 2 "总账",该资料属于会计账簿档案,保管期限为 30 年。

【业务 3】年度资产负债表。

资产负债表

编制单位:中江公司　　　　　2008 年 12 月 31 日　　　　　单位:元

资产	年初数	期末数	负债和股东权益	年初数	期末数
流动资产:			流动负债:		
货币资金	73,500	55,500	应付票据	120,000	0
交易性金融资产	20,000	18,000	应付账款	49,500	93,000
应收账款	54,000	39,000	流动负债合计	1,695,000	93,000
存货	80,000	165,000	长期负债:		
其他应收款	7,000	9,000	应付债券	80,000	225,000
流动资产合计:	234,500	286,500	长期负债合计	80,000	225,000
固定资产:			负债合计	249,500	318,000

续表

资产	年初数	期末数	负债和股东权益	年初数	期末数
固定资产	235,000	475,500	股东权益：		
			股本	190,000	240,000
			未分配利润	30,000	204,000
			股东权益合计	220,000	444,000
资产总计	469,500	762,000	负债和股东权益总计	469,500	762,000

解答： 业务3"年度资产负债表"，该资料属于会计报告档案，保管期限为永久。

【业务4】银行存款余额调节表。

银行存款余额调节表

开户行及账号：×××××××××××   金额单位：元

项目	金额	项目	金额
企业银行存款日记账余额	40,000	银行对账单余额	10,000
加：银行已收、企业未收款	80,000	加：企业已收、银行未收款	60,000
减：银行已付、企业未付款	70,000	减：企业已付、银行未付款	20,000
调节后的存款余额	50,000	调节后的存款余额	50,000

解答： 业务4"银行存款余额调节表"，该资料属于会计凭证档案，保管期限为10年。

【业务5】会计档案销毁清册。

解答： 业务5"会计档案销毁清册"，该资料属于其他会计档案，保管期限为永久。

【实训引导】

会计档案的保管、借阅和销毁

一、会计档案的保管

各单位每年形成的会计档案，在会计年度终了后，可暂由会计机构保管一年，期满之后，应当由会计机构编制移交清册，移交本单位档案机构统一保管；未设立档案机构的，应当在会计机构内部指定专人保管。出纳人员不得兼管会计档案。

（1）要确保资料的完整性、真实性和安全性。会计资料必须准确反映经济业务事项，不能有任何虚假记录和故意篡改。

①会计档案室应选择干燥防水的地方，并远离易燃品堆放地，周围应备有防火器材；

②要注意防尘、防鼠；

③室内应经常用消毒药剂喷洒，保持清洁卫生以防虫蛀；

④要保持档案室通风透光，防止潮湿，并有适当空间，以利于查阅；

⑤设置归档、档案目录、档案借阅登记簿，严防毁坏损失和泄密。

（2）要按照规定的保管期限进行保存。不同种类的会计资料有不同的保管期限。

①会计凭证应保管 30 年；

②会计账簿应保管 30 年（固定资产卡片应在固定资产清理后保管 5 年）；

③月度、季度、半年度财务报告应保管 10 年，年度财务会计报告应永久保管；

④银行存款余额调节表、银行对账单、纳税申报表应保管 10 年，会计档案移交清册应保管 30 年，会计档案保管清册、会计档案销毁清册、会计档案鉴定意见书应永久保管；

⑤在使用会计档案时，需要遵守保密规定，不得泄露组织的商业机密和财务信息。

二、会计档案的借阅

（1）会计档案为本单位提供利用，原则上不得借出，有特殊需要须经上级主管单位或单位领导和会计主管人员批准。

（2）外部借阅会计档案时，应持有单位正式介绍信，经会计主管人员和单位领导批准后，方可办理借阅手续；单位内部人员借阅会计档案时，应经会计主管人员和单位领导批准后，办理借阅手续。

（3）借阅会计档案人员不得在案卷中乱画标记，拆散原卷册，不得涂改抽换，携带外出或复制原件，如有特殊情况须经领导批准。

（4）借出的会计档案，档案管理人员要及时如数收回，并办理注销借阅手续。

三、会计档案的销毁

（1）当企业会计档案的保管期限已满之后，会计档案如果需要销毁，则应该由企业的档案机构和会计机构一起提出档案销毁的意见，与会计部门一起进行鉴定和审查，并编制会计档案的销毁清册。

（2）当机关、团体、事业单位和非国有企业的会计档案需要销毁时，需要报告给单位的领导，经批准后才能销毁；而国有企业的会计档案，除了要经过企业领导的审查之外，还需要报请上级主管单位，并在请求批准后才可以进行销毁。

（3）会计档案的保管期限满后，还需要检查原始凭证中是否存在未了结的债权债务，如果存在，则应该单独将其抽出，另行立卷，将其交由保管部门继续进行保管，直到这些债权债务结清为止。而建设单位仍在建设期间的会计档案，不可以销毁。

（4）在会计档案销毁之前，需要按照会计档案的销毁清册逐一进行核查，各单位销毁会计档案时，需要有会计档案部门的成员和财务会计部门的成员进行监销；各级主管部门销毁会计档案时，应由同级财政部门、审计部门派员参加监销；财务部门销毁会计档案时，应由同级审计部门派员参加监销。会计档案销毁后经办人在"销毁清册"上签章，注明"已销毁"字样和销毁日期，以示负责，同时将监销情况写出书面报告一式两份，一份报本单位领导，一份归入档案备查。

【知识链接】

会计档案的保管清册和移交清册的区别

会计档案保管清册和移交清册是财务档案管理的关键工具。保管清册记录档案的基本信息，帮助企业统一管理档案，及时发现和处理档案的丢失问题。移交清册记录档案的移交信息，避免移交过程中的混乱，保证档案的安全移交。这两种清册在档案管理中有着重要作用，企业需要根据档案的特点，有效、准确地使用它们，以提高档案管理质量，为企业发展创造有利条件。

第二部分

基础会计综合模拟实训

项目六

基础会计综合模拟实训（手工）

知识目标

1. 了解实训企业的基本情况。
2. 熟悉实训企业的会计制度。
3. 掌握有关税收的最新政策。
4. 掌握企业会计准则的最新修订内容。

能力目标

1. 能够根据会计资料识别企业的经济业务内容。
2. 能够根据会计准则和税收法律制度，对企业发生的业务做出正确的会计处理，包括填制和审核凭证、登记各类账簿，编制资产负债表及利润表。
3. 能够根据企业业务进行成本计算及财产清查。

素质目标

1. 培养学生基本的会计职业素养，能够进行简单的职业判断。
2. 培养学生养成坚持准则、提高技能的会计职业道德。
3. 培养学生团队协作意识，学会相互配合。

【实训目的】

通过完成一次会计循环的账务处理，系统掌握科目汇总表会计核算的基本程序和方法，做到理论与实践相结合，提高会计实务操作能力。能够对学生的会计知识进行一次综合性检验，培养学生初步形成会计职业意识，提高职业素养并养成良好的会计职业道德。

【实训任务】

1. 根据北京绮梦纺织品有限公司 2023 年 12 月份发生的业务，了解企业概况，熟悉会计政策，掌握会计核算方法。
2. 根据实训企业会计业务和资料，开设总分类账户、明细分类账户及日记账。
3. 根据所提供的经济业务，练习识别和填制凭证，了解和掌握各种原始凭证的格式、记载内容及填写方法。
4. 根据企业发生的经济业务和原始凭证资料，填制记账凭证。并将所依据的原始凭证附于填制的记账凭证之后，掌握经济业务的会计处理方法和记账凭证的填制方法。
5. 根据审核过的会计凭证登记现金日记账、银行存款日记账及各类明细账。
6. 编制科目汇总表。
7. 根据科目汇总表登记总分类账。
8. 进行对账和结账，并对账实不符事项进行处理，对发生的错账予以更正。
9. 编制资产负债表和利润表。
10. 对形成的会计档案进行归档、装订、保管。

【实训要求】

1. 对指导教师的要求

会计实训是培养和提高学生专业技能的关键环节，教师要认真负责，对每次实训要做到有实训前计划，有实训中控制和指导，有实训后成绩评定和讲评。

2. 对学生的要求

会计实训的操作过程必须符合会计规范化的要求，学生在进行会计实训时，要求态度端正，目的明确，工作踏实，操作认真，以一个会计人员的身份参与实训，并注重团队协作与配合。

【实训考核】

1. 日常操作情况考核（20%）

指导教师根据学生日常操作情况进行评分，其目的在于培养学生的团队协作和沟通能力。

2. 会计凭证、账簿及报表完成情况考核（40%）

指导教师根据学生上交的会计资料进行评分，检查学生完成任务的及时性、准确性和规范性。

3. 出勤情况考核（20%）

指导教师根据学生出勤情况进行评分，其目的在于培养学生爱岗敬业、遵守工作纪律的品质。

4. 实训报告考核（20%）

指导教师根据学生总结评分，其目的在于激发学生发现及解决问题的能力，同时锻炼其表达能力。

【实训资料】

1. 模拟企业概况

企业名称：北京绮梦纺织品有限公司

企业增值税类型：一般纳税人

社会信用代码：911101154804224836

企业地址：北京市大兴区刘玉街马月路 96 号

企业电话号码：010-63309892

企业基本户开户行：中国建设银行北京市大兴区支行 41622124713376

法定代表人（董事长）：闫瑞

总经理：李杰

2. 企业内部机构设置

部门名称	部门属性	部门负责人
办公室	管理部门	肖丽华
财务部	管理部门	朱胜利
采购部	管理部门	王群忠
销售部	销售部门	钟国钊
生产车间	基本生产部门	吴鹏英
仓储部	管理部门	赵志伟

3. 会计核算制度

①基本会计制度

记账本位币：人民币。

执行会计制度：《企业会计准则》。

账务处理程序：科目汇总表账务处理程序，每 10 天汇总一次。

②会计核算方法

库存现金：限额 15000 元。

科目汇总处理程序

材料：日常收入、发出和结存采用实际成本法核算，发出材料成本按先进先出法计量。

采购运费分配标准：按采购数量分配。

税金：本企业产品的增值税税率为 13%，材料、库存商品的采购及销售价格均为不含税价格；城市维护建设税税率为 7%，教育费附加征收率为 3%。所得税会计处理按"应付税款法"进行，按月预缴，年终汇算清缴，多退少补，税率为 25%（不考虑税收优惠）。

生产成本核算：企业成本采用品种法进行核算，期末制造费用按生产工人的工资比例进行分配。生产成本按产品设置明细账，按直接材料、直接人工和制造费用设置成本项目。

短期借款利息：按季支付，每月预提。

销售成本（库存商品发出）计价方法：月末一次加权平均法。

利润及利润分配：利润的结转采用账结法，年末按全年利润净额的10%提取法定盈余公积。

小数位：存货单位成本保留2位小数，分配率保留4位小数。

③其他信息

原材料：2.4米棉布、3.0米棉布。

产品名称及规格见下表。

产品名称	单人床单	双人床单	单人床罩	双人床罩	枕套
规格	1.5×2.5	2.4×2.7	1.5×2.1	2.0×2.3	0.48×0.74
耗用材料规格	2.4米棉布	3.0米棉布	2.4米棉布	2.4米棉布	3.0米棉布
单位产品用量（米）	1.6	2.5	1.6×2	2.1×2	0.25

一、实训企业期初建账资料

1.北京绮梦纺织品有限公司2023年11月30日总分类账户余额见下表。

总分类账

总账科目名称	账户余额	
	借方	贷方
库存现金	3,900.00	
银行存款	500,150.00	
应收账款	520,000.00	
其他应收款	17,000.00	
在途物资	20,000.00	
原材料	285,300.00	
库存商品	563,250.00	
固定资产	867,000.00	
累计折旧		120,000.00
交易性金融资产		
短期借款		300,000.00

续表

总账科目名称	账户余额	
	借方	贷方
应付账款		209,000.00
其他应付款		12,225.00
预收账款		65,000.00
应付利息		2,175.00
应付职工薪酬		215,200.00
应交税费		61,600.00
生产成本	19,200.00	
实收资本		900,000.00
资本公积		180,000.00
盈余公积		220,000.00
本年利润		310,600.00
利润分配		200,000.00
合计	2,795,800.00	2,795,800.00

2. 北京绮梦纺织品有限公司日记账、明细账余额如下表所示。

总账科目	日记账及明细账科目		账户余额	
			借方	贷方
应收账款	北京瑞庭酒店有限公司		200,000.00	
	新凯合酒店有限公司		220,000.00	
	天津和平酒店有限公司			
	北京和源有限公司		100,000.00	
其他应收款	闫瑞		17,000.00	
	赵爱东			
	李杰			
在途物资			20,000.00	
预付账款	嘉利布业纺织有限公司			
	中国康平保险有限公司			
原材料	2.4 米棉布	数量 18000 米	180,000.00	
	3.0 米棉布	数量 7800 米	105,300.00	

续表

总账科目	日记账及明细账科目		账户余额	
			借方	贷方
库存商品	单人床单	数量1000条	32,000.00	
	双人床单	数量1000条	67,500.00	
	单人床罩	数量2500件	160,000.00	
	双人床罩	数量2500件	283,500.00	
	枕套	数量3000件	20,250.00	
应付职工薪酬	工资			215,200.00
应付账款	众邦维修服务有限公司			39,000.00
	加加纺织有限公司			170,000.00
	嘉利布业纺织有限公司			
其他应付款	质量保证金			12,225.00
预收账款	常来客酒店			65,000.00
	七天酒店			
应交税费	应交增值税—进项税额			
	应交增值税—销销项税额			
	应交增值税—转出未交增值税			
	未交增值税			56,000.00
	应交城建税			3,920.00
	应交教育费附加			1,680.00
	应交所得税			
生产成本	单人床单		19,200.00	
	其中：直接材料		12,800.00	
	直接人工		3,840.00	
	制造费用		2,560.00	
实收资本	富丽雅有限公司			900,000.00
	北京品嘉园服饰有限公司			
资本公积	资本溢价			180,000.00
盈余公积	法定盈余公积			220,000.00
本年利润				310,600.00
利润分配	未分配利润			200,000.00
	提取法定盈余公积			

原材料、库存商品采用数量金额式明细账；生产成本、管理费用、销售费用、应交税费－应交增值税采用多栏式明细账；在途物资采用横线登记式明细账；其余采用三栏式明细账。

3. 北京绮梦纺织品有限公司 2023 年 12 月份产品生产情况见下表。

项目	单人床单	双人床单
月初在产品	800 条	
本月投产	3000 条	3000 条
本月完工	3000 条	3000 条
月末在产品	800 条	
投料方式	一次投入	
产品完工程度	50%	

二、实训企业期末表格

资产负债表

编制单位：北京绮梦纺织品有限公司　　　　2023 年 12 月 31 日　　　　　　　　单位：元

资产	期末余额	年初余额	负债和所有者权益（或股东权益）	期末余额	年初余额
流动资产			流动负债		
货币资金		228,700.00	短期借款		100,000.00
交易性金融资产			交易性金融负债		
衍生金融资产			衍生金融负债		
应收票据			应付票据		
应收账款		635,800.00	应付账款		244,860.00
应收款项融资			预收款项		200,000.00
预付款项			合同负债		
其他应收款		25,000.00	应付职工薪酬		186,000.00
存货		577,260.00	应交税费		48,000.00
合同资产			其他应付款		12,500.00
持有待售资产			应付利息		
一年内到期的非流动资产			一年内到期的非流动负债		
其他流动资产			其他流动负债		
流动资产合计		1,465,360.00	流动负债合计		791,360.00

续表

资产	期末余额	年初余额	负债和所有者权益（或股东权益）	期末余额	年初余额
非流动资产：			非流动负债：		
债权投资			长期借款		
其他债权投资			应付债券		
长期应收款			其中：优先股		
长期股权投资			永续股		
其他权益工具投资			租赁负债		
其他非流动金融资产			长期应付款		
投资性房地产			预计负债		
固定资产		826,000.00	递延收益		
在建工程			递延所得税负债		
生产性生物资产			其他非流动负债		
油气资产			非流动负债合计		
使用权资产			负债合计		791,360.00
无形资产			所有者权益（或股东权益）		
开发支出			实收资本（或股本）		900,000.00
商誉			其他权益工具		
长期待摊费用			其中：优先股		
递延所得税资产			永续股		
其他非流动资产			资本公积		180,000.00
非流动资产合计		826,000.00	减：库存股		
			其他综合收益		
			专项储备		
			盈余公积		220,000.00
			本年利润		
			未分配利润		200,000.00
			所有者权益（或股东权益）合计		1,500,600.00
资产总计		2,291,360.00	负债和所有者权益（或股东权益）总计		2,291,360.00

利润表　　　　　　　　　　　　　　　　　　　　　　　　　　　　　　会企 02 表

编制单位：北京绮梦纺织品有限公司　　　2023 年 12 月　　　　　　　　　　单位：元

项目	本期金额	上期金额
一、营业收入		
减：营业成本		
税金及附加		
销售费用		
管理费用		
研发费用		
财务费用		
其中：利息费用		
利息收入		
加：其他收益		
投资收益（损失以"—"号填列）		
其中：对联营企业和合营企业的投资收益		
以摊余成本计量的金融资产终止确认收益（损失以"—"号填列）		
净敞口套期收益（损失以"—"号填列）		
公允价值变动收益（损失以"—"号填列）		
信用减值损失（损失以"—"号填列）		
资产减值损失（损失以"—"号填列）		
资产处置收益（损失以"—"号填列）		
二、营业利润（亏损以"—"号填列）		
加：营业外收入		
减：营业外支出		
三、利润总额（亏损总额以"—"号填列）		
减：所得税费用		
四、净利润（净亏损以"—"号填列）		
（一）持续经营净利润（净亏损以"—"号填列）		
（二）终止经营净利润（净亏损以"—"号填列）		
五、其他综合收益的税后净额		
六、综合收益总额		
七、每股收益：		
（一）基本每股收益		
（二）稀释每股收益		

【实训耗材与用具】

实训耗材

物品名称	单位	数量/人	物品名称	单位	数量/人
通用记账凭证	页	70	资产负债表	张	1
库存现金日记账	页	1	利润表	张	1
银行存款日记账	页	2	科目汇总表	张	3
三栏式明细账	页	40	记账凭证封面	张	3
数量金额式明细账	页	10	账簿封面	张	1
多栏式明细账	页	10	会计报表封面	张	1
应交增值税明细账	页	1	白纸	张	若干
总账	本	1	档案袋	个	1
会计凭证包角纸	账	6	试算平衡表	张	3

三、实训企业本期经济业务资料

北京绮梦纺织品有限公司 2023 年 12 月份发生如下经济业务。

12 月 1 日

（1）收到银行通知，北京品嘉园服饰有限公司通过网银转账方式转入 100000 元资金，（收款银行：中国建设银行北京市大兴区支行，收款账号：41622124713376），是北京品嘉园服饰有限公司（开户行：中国建设银行北京市通州区支行，账号：41622124278262）根据投资协议交来的投资款。

（2）开出现金支票提现 10000 元备用（支付密码：1476-3379-0290-0368）。（提示：填制现金支票，存根入账。）

（3）销售部赵爱东出差预借差旅费 2000 元，以现金支付。（提示：审核借款单并加盖现金付讫章。）

12 月 2 日

（4）销售给北京瑞庭酒店（纳税人识别号：911101012834087627，开户地址、电话：北京市东城区李靖街吴梅路 01 号 010-35725583，开户行及账户：中国建设银行北京市东城区支行 41622124406290）商品单人床单（规格 1.5×2.5）100 条，单价 50 元，增值税税率 13%，款项未收。（提示：填制增值税专用发票。）

(5）从嘉利布业纺织有限公司（地址：江苏省南通市，开户行及账号：中国建设银行南通市通州区支行 41622124259015）购买的 1000 米 2.4 米棉布入库，单价 10 元，增值税额为 1300 元，上述款项以汇兑方式支付（支付密码 3145-6093-7606-6330）。（提示：填制收料单和汇兑凭证。）

12月3日

（6）收到银行通知，新凯合酒店有限公司以电汇方式归还前欠货款 200000 元。新凯合酒店有限公司开户行及账号：中国建设银行哈尔滨市道外区支行 41622124257723。

（7）开出转账支票支付文达设计服务有限公司广告费 50000 元，增值税 3000 元，本企业持支票到开户银行办理付款手续。（提示：填制转账支票，存根入账，填制业务回单。）

（8）开出转账支票一张交付给加加纺织有限公司，支付前欠货款 113000 元。（提示：填制转账支票，存根入账。）

12月4日

（9）开出转账支票支付北京信华会计师事务所业务咨询费 3000 元，增值税 180 元，本企业持支票到开户银行办理付款手续。（提示：填制转账支票，存根入账；填制业务回单。）

（10）生产车间领用 2.4 米棉布（类别 YCK，编号 001，规格 2.4，单位米）2400 米，单价 10 元，价值 24000 元，用于生产 1500 条单人床单；领用 3.0 米棉布（类别 YCK，编号 002，规格 3.0，单位米）3750 米，单价 13.50 元，价值 50625 元，用于生产 1500 条双人床单。（提示：填制领料单两张，一料一张。）

（11）收到上月从嘉利布业纺织有限公司购入的 2000 米价值 20000 元的 2.4 米棉布，验收入库。交料人陈静，材料编号 YCL001，仓管员王颖宏实收 2.4 米棉布（2000 米）。（提示：填制收料单。）

12月6日

（12）由众邦维修对生产车间设备进行维修，修理费 5000 元，增值税 650 元，维修款尚未支付。

（13）从加加纺织有限公司购入的原材料入库，其中材料编号 YCL001 的 2.4 米棉布 200 米，单价 10.00 元；材料编号 YCL002 的 3.0 米棉布 600 米，单价 13.50 元，增值税 1313 元，款项未付。（提示：填制收料单。）

12月7日

（14）销售部赵爱东外出洽公报销差旅费并以现金交回剩余款。（提示：填制现金收据。12月1日业务3已预借差旅费 2000 元。）

（15）销售给新凯合酒店有限公司（纳税人识别号：912301049172835427，地址及电话：黑龙江省哈尔滨市道外区田爱街王焕路 72 号 0451-63586271 开户银行及账号：中国建设银行哈尔滨市道外区支行 41622124257723）单人床单 400 件，单价 50.00 元，双人床单 200 件，单价

80.00 元，增值税税率 13%，款项未收。（提示：填制增值税专用发票。）

（16）销售给星络酒店有限公司（纳税人识别号：913501025270945526，地址及电话：福建省福州市鼓楼区周实街杜也路 81 号 0591-27544895，开户银行及账号：中国建设银行福州市鼓楼区支行 41622124778994）单人床罩 400 件，单价 100.00 元，双人床罩 200 件，单价 160.00 元，增值税税率 13%，款项已收，产品已发出。（提示：填制增值税专用发票。）

（17）办公室人员李杰报销业务招待费 1200 元，以现金支付。（提示：填制报销申请单。报销人签章请选择经办人签章；部门审核：闫瑞，财务审核：朱胜利，审批：李杰。）

（18）购买办公用品 618 元，交付管理部门使用，以转账支票支付价款。（提示：填制转账支票、报销申请单。）

12 月 10 日

（19）办公室李杰报销加油款 452 元，以现金支付。（提示：填制报销申请单。部门审核：闫瑞，财务审核：朱胜利。）

（20）开出转账支票，向北京市红十字会捐款 10000 元。（提示：填制转账支票。）

（21）以网银付款方式支付上月工资 215200 元。

12 月 11 日

（22）签发现金支票一张，支付李杰预借差旅费 3000 元。（提示：填制现金支票。）

（23）从加加纺织有限公司购入 2.4 米棉布验收入库，购买价 19500 元，增值税 2535 元，运费 500 元，增值税 45 元，由加加纺织有限公司代垫，款项未付。（提示：填制收料单。）

12 月 12 日

（24）收到转账支票一张，是本月出租设备租金 10000 元，增值税 1300 元（承租方：卡罗服饰有限公司，为小规模纳税人，纳税人识别号：911101011817481458，地址及电话：北京市东城区张哲街傅保路 58 号 010-37094639，开户行及账号：中国建设银行北京市东城区支行 41622124686649）将支票送存银行。（提示：填写收账通知。）

12 月 14 日

（25）完工产品入库，单人床单（编号 CD001，规格 1.5×2.5，单位：条）1500 条，双人床单 1500 条（编号 CD002，规格 2.4×2.7，单位：条）。（提示：填写入库单。）

12 月 15 日

（26）开出转账支票一张到银行办理付款手续，支付欠加加纺织有限公司货款 40000 元。（提示：填制转账支票、业务回单。）

（27）销售给常来客酒店有限公司单人床单 1000 条，单价 50 元，双人床单 1000 条，单价 80 元，增值税 16900 元。（提示：原已预收 65000 元。）

（28）开出转账支票 2180 元交付给捷诺达物流有限公司，是销售商品运费。

（29）缴纳上月增值税 56000 元，城市维护建设税 3920 元，教育费附加 1680 元。

（30）生产车间领用 2.4 米棉布（类别 YCK，编号 001，规格 2.4，单位：米）2400 米，单价 10 元，价值 24000 元，用于生产 1500 条单人床单，3.0 米棉布（类别 YCK，编号 002，规格 3.0，单位：米）3750 米，单价 13.50 元，价值 50625 元，用于生产 1500 条双人床单。（提示：填制领料单两张，一料一张。）

12 月 18 日

（31）收到银行汇票 81900 元，是常来客酒店购买商品余款。

（32）收到七天酒店有限公司通过网银方式交来预收货款 20000 元。（提示：填制收款收据。）

（33）以汇兑方式向嘉利布业纺织有限公司预付货款 30000 元，支付密码：8749-7307-8992-5538。（提示：请根据付款申请书填制电汇凭证。）

12 月 20 日

（34）支付四季度银行贷款利息 3262.50 元，已预提 2175 元。

（35）从嘉利布业纺织有限公司购入 2.4 米棉布 3000 米，3.0 米棉布 2000 米入库，价款 56000 元，增值税 7280 元；运费 1000 元，增值税 90 元，由嘉利布业纺织有限公司代垫，按材料购买数量分摊运费。（提示：填制材料运费分配表、收料单。）

12 月 22 日

（36）向嘉利布业纺织有限公司支付货款及代垫运费 34370 元。（提示：已预付 30000 元。）

（37）销售给劲凯销售有限公司单人床罩 300 件，双人床罩 200 件，枕套 200 件，单价分别为 100 元、160 元、15 元。货款 65000 元，增值税 8450 元，款项已收。

（38）开出转账支票 12720 元预付给中国康平保险有限公司下年财产保险费。（提示：填制转账支票，存根入账。）

（39）完工产品入库，单人床单（编号 CD001，规格 1.5×2.5，单位：条）1500 条，双人床单 1500 条（编号 CD002，规格 2.4×2.7，单位：条）。（提示：填写入库单。）

12 月 25 日

（40）收到银行存款利息 145 元。

（41）销售给天津和平酒店有限公司（小规模纳税人）（纳税人识别号：911201017982735134，地址、电话：天津市和平区邱长街李建路 72 号 022-14756784，开户行及账户：中国建设银行天津市和平区支行 41622124747535）单人床罩、双人床罩和枕套各 200 件，单价分别为 80 元、160 元、15 元。价税款合计 57630 元，增值税税率 13%。（提示：填制增值税普通发票。）

（42）向国家电网北京电力集团有限公司支付电费 2000 元，增值税 260 元，并按照各部门使用电量进行分配。（提示：编制电费分配表。）

（43）向北京市水务集团有限公司支付水费 800 元，增值税 72 元，并按照各部门用水量进行分配。（提示：编制水费分配表。）

12月26日

（44）销售给北京和缘有限公司一批商品，货款420000元，增值税54600元，款项已收。

（45）从吉林四平芬得机械制造有限公司购入一台缝纫设备，运抵企业交付生产车间使用，其中：买价200000元，增值税26000元，运费30000元，增值税2700元，设备款与运费已付。（提示：填制固定资产验收单。）

12月27日

（46）销售给北京瑞庭酒店一批商品，价款195000元，增值税25350元，款项未收。

12月31日

（47）分配本月工资，其中：生产单人床单工人工资28800元，生产双人床单工人工资60750元，车间管理人员工资20800元，行政管理人员工资23680元，销售人员工资20850元。

（48）计提本月固定资产折旧，其中：生产车间35900元，出租设备2100元，管理部门3480元，销售机构2520元。（提示：填制固定资产折旧计算表。）

（49）盘点现金，实存为7778元，账存7788元，原因无法查明，按准则要求进行处理。（提示：填制现金盘点报告单。）

（50）按生产工人工资比例分配制造费用。（提示：填制制造费用分配表。）

（51）本月生产双人床单3000条，全部完工入库；单人床单投产3000条，完工入库3000条，期末在产品800条（直接材料12800元，直接人工3840元，制造费用2560元）。（提示：填制产品入库单两张。）

（52）结转已销商品成本（单位生产成本采用业务51计算结果）。（提示：填制产品销售汇总单。）

（53）结转本月应交增值税。（提示：增值税汇总表。）

（54）计算城市维护建设税及教育费附加。（提示：填制税金及附加计算表。）

（55）结转损益类账户（收入收益类）。（提示：填制收益账户本月发生额汇总表。）

（56）结转损益类账户（费用支出类）。（提示：填制费用支出账户本月发生额汇总表。）

（57）计算并结转所得税费用（不考虑税收调整项目）。（提示：填制所得税费用计算表。）

（58）结转本年利润至利润分配。

（59）按本年净利润的10%提取法定盈余公积。（提示：填制利润分配计算表。）

（60）将利润分配各明细账户余额转入未分配利润。

补充业务：编制银行存款余额调节表。

四、实训企业本期经济业务原始凭证

北京绮梦纺织品有限公司 2023 年 12 月份发生经济业务相关原始单据如下，实训原始凭证、表格可裁剪，附在记账凭证后面装订。

规范原始凭证

12 月 1 日

业务 1-1

投资入股协议书

甲方：北京品嘉园服饰有限公司

法定代表人：任翠

乙方：北京绮梦纺织品有限公司

法定代表人：闫瑞

根据《中华人民共和国公司法》等法律法规及政策规定，甲乙双方本着平等互信、合作共赢的原则，就乙方项目（以下简称项目）达成如下协议，双方共同遵守。

第一条：乙方经营项目及范围（略）

第二条：投资方式

现金支付，自双方签订协议书之日起 5 日内，甲方将资金存入乙方指定账户。

第三条：投资金额及权利义务

甲方自愿向乙方投入资金人民币壹拾万元整，占乙方注册资金的 10%，按比例享有相应的权利，承担相应的义务。此资金由乙方自由支配，甲方不涉及乙方的运营。

其他条款（略）

甲方：北京品嘉园服饰有限公司　　　　　　　　乙方：北京绮梦纺织品有限公司

法定代表人：任翠　　　　　　　　　　　　　　法定代表人：闫瑞

2023 年 11 月 30 日　　　　　　　　　　　　　2023 年 11 月 30 日

业务 1-2

中国建设银行客户专用回单

币别：人民币		2023 年 12 月 01 日		流水号 110120027J0500810004	
付款人	全称	北京品嘉园服饰有限公司	收款人	全称	北京绮梦纺织品有限公司
	账号	41622124278262		账号	41622124713376
	开户行	中国建设银行北京市通州区支行		开户行	中国建设银行北京市大兴区支行
金额	（大写）人民币 壹拾万元整			（小写）¥100000.00	
凭证种类	网银		凭证号码		
结算方式	转账		用途	投资款	

打印柜员：110125584257
打印机构：中国建设银行北京市大兴区支行
打印卡号：41622124713376

（中国建设银行 电子回单 专用章）

打印时间：2023-12-01　交易柜员：110125584268　交易机构：110150468

业务 2-1

提现申请单
2023 年 12 月 01 日

收款单位	北京绮梦纺织品有限公司		
地址	北京市大兴区刘玉街马月路96号	联系电话	010-63309892
收款人开户行	中国建设银行北京市大兴区支行	开户账号	41622124713376
内容	备用金		
大写	人民币壹万元整	¥10000.00	

审批：朱胜利　　审核：刘宁　　经办人：苏建朝

业务 2-2

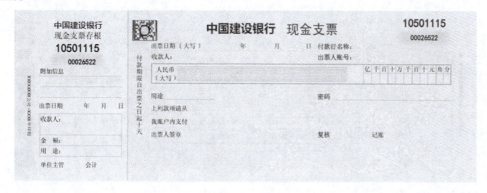

业务 3-1

北京绮梦纺织品有限公司出差审批单

申请部门：销售部　　　　　　　　　　　　　　　　　　2023 年 12 月 1 日

出差人	赵爱东	出差地点	南京市
出差事由	洽谈业务	预计时间	从 2023 年 12 月 3 日 至 2023 年 12 月 6 日 共 4 天
预计金额	人民币　贰仟元整	￥2,000.00	
所在部门意见	同意	签（章）字 钟国钊 2023 年 12 月 1 日	
主管领导审批意见	同意	签（章）字 李杰 2023 年 12 月 1 日	
财务处意见	同意	签（章）字 朱胜利 2023 年 12 月 1 日	
公司领导审批意见	同意	签（章）字 闫瑞 2023 年 12 月 1 日	

业务 3-2

借款单

2023 年 12 月 1 日　　　　　　　　　　　　　　　　NO.02857

借款人：赵爱东	所属部门：销售部
借款用途：预借差旅费	
借款金额：人民币（大写）贰仟元整 ¥2000.00	
部门负责人审批：	借款人（签章）：赵爱东
财务部门审批：	
单位负责人批示：	签字：
核销记录：	

第一联 付款联 付款人记账

12月2日

业务 4-1

销售单

购货单位：北京瑞庭酒店　　地址和电话：北京市东城区李靖淘贝锦路01号 010-35725583　　单据编号：15034
纳税识别号：91110101283408762T　　开户行及账号：中国建设银行北京市东城区支行 4162212440629O　　制单日期：2023-12-02

编码	产品名称	规格	单位	单价	数量	金额	备注
	=纺织品=单人床单		条	56.50	100	5650.00	含税价
合计	人民币（大写）：伍仟陆佰伍拾元整				—	¥5650.00	

销售经理：钟国钊　　经手人：赵爱东　　会计：刘宁　　签收人：

业务 4-2

销售出库单

单位名称：北京瑞庭酒店　　　　出库日期：2023-12-02

序号	产品名称	规格	单位	数量	单价(含税)	金额(含税)	批号	产品质量
1	单人床单	1.5×2.5	条	100	56.50	5,650.00		
合计						¥5,650.00		

第三联　会计联

发货员：赵志伟　　　收货人：　　　　开票员：刘宁

业务 4-3

业务 5-1

购销合同
合同编号：BP45687

购货方（以下简称甲方）：北京绮梦纺织品有限公司

供货方（以下简称乙方）：嘉利布业纺织有限公司

甲方和乙方经过平等协商，在真实、充分地表达各自意愿的基础上根据《中华人民共和国民法典》《中华人民共和国产品质量法》的规定，达成如下协议：

一、货物名称、计量单位、具体规格型号、数量

序号	货物名称及描述	规格	单位	数量	单价（元）	金额（元）	交货时间	备注
1	2.4 米棉布	2.4	米	1,000	10.00	10,000.00	2023-12-02	
合同价款（人民币大写）：壹万元整					增值税（人民币大写）：壹仟叁佰元整			
合同价款：¥10,000.00					增值税：¥1,300.00			

二、质量要求

2.1 货物的质量标准，按照【国家标准】（国家标准、行业标准、企业标准）执行。

2.2 依据生产需要，采购商品要求确保产品质量。

三、交货规定

3.1 交货方法：由乙方负责送货。

3.2 运输方式：由乙方自行选择运输方式，运输及保险费用由乙方负担。货物交付给甲方之前，货物相关全部风险由乙方承担。

3.3 交货地点：北京大兴区刘玉街马月路 96 号北京绮梦纺织品有限公司。

3.4 货物资料：乙方完成交货时附上双方约定的记录货物相关事项的资料。

四、付款方式

4.1 货到付款。

4.2 合同生效后乙方安排将合同规定的货物发送到指定地点，现场验收合格且资料齐全，并将全额发票交付甲方。

五、违约责任

5.1 乙方如在接到甲方采购合同后 2 天内不回签给甲方，本合同自动作废。

5.2 合同生效后，除经双方友好协商且由书面协议外，任何一方不得擅自解除合同，若任何一方擅自不履行合同，承担一切后果。

购货方（甲方）：北京绮梦纺织品有限公司　　　售货方（乙方）：嘉利布业纺织有限公司

法定代表人：闫瑞　　　　　　　　　　　　　　法定代表人：枣方

开户银行及账号：中国建设银行北京市大兴区支行 41622124713376

开户银行及账号：中国建设银行南通市通州区支行 41622124259015

电话：010-63309892　　　　　　　　　　　　　电话：0513-83699935

业务 5-2

业务 5-3

收 料 单

供应单位：				年　月　日				编号：	
材料编号	名称	单位	规格	数量		实际成本			
				应收	实收	单价	发票价格	运杂费	总价
备注：									
	收料人：						交料人：		

业务 5-4

付款申请书

2023 年 12 月 02 日

用途及情况		金　　额									收款单位(人)：嘉利布业纺织有限公司
支付货款		亿	千	百	十	万	千	百	十	元	角	分	账　号：41622124259015
				¥	1	1	3	0	0	0	0	开户行：中国建设银行南通市通州区支行
金额（大写）合计：		人民币壹万壹仟叁佰元整										结算方式：电汇
总经理	李杰	财务部门	经理			业务部门	经理	王群忠
			会计	刘宁			经办人	李津

业务 5-5

中 国 建 设 银 行	电 汇 凭 证			
币别：人民币	年 月 日		流水号：10879335	
汇款方式	□普通 □加急			
汇款人	全 称		收款人	全 称
	账 号			账 号
	汇出地点 省 市/县			汇入地点 省 市/县
	汇出行名称			汇入行名称
金额	（大写）		亿千百十万千百十元角分	
	支付密码			
	附加信息及用途：			
			客户签章	
会计主管	授权	复核		录入

第二联 客户回单

12 月 3 日

业务 6-1

业务 7-1

广告设计合同

合同编号：GG65687

甲方：北京绮梦纺织品有限公司

乙方：文达设计服务有限公司

甲方和乙方经过平等协商，在真实、充分地表达各自意愿的基础上根据《中华人民共和国民法典》《中华人民共和国广告法》的规定，达成如下协议：

一、项目名称及要求

楼宇广告牌设计与制作。

二、合同金额

广告费人民币伍万元整￥50,000.00（不含税），增值税人民币叁仟元整￥3,000.00。

三、付款方式

项目结束后甲方向乙方支付合同价款人民币￥53,000.00（大写：人民币伍万叁仟元整）。

四、责任和义务

乙方应按甲方要求于 2023 年 12 月 5 日前按质按量完成广告设计和制作任务，并由甲方签字认可。

甲方根据乙方要求提供相关资料，并承担资料（包括但不限于文字、图片）所引发的法律纠纷及法律责任。

五、产权约定

甲方在支付全部款项后享有著作权，此前擅自修改或使用乙方设计作品而导致的侵权行为，乙方有权追究其法律责任。

六、违约责任

（略）

甲方：北京绮梦纺织品有限公司　　　　乙方：文达设计服务有限公司

法定代表人：闫瑞　　　　　　　　　　法定代表人：张昱

开户银行及账号：中国建设银行北京市　开户银行及账号：中国建设银行北京市

大兴区支行 41622124713376　　　　　　平谷区支行 41622124684747

电话：010-53195463　　　　　　　　　　电话：010-63309892

业务 7-2

业务 7-3

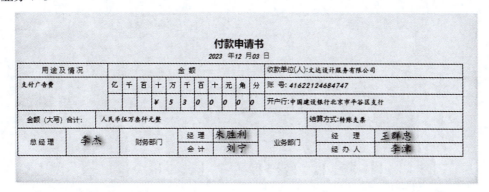

业务 7-4

业务 7-5

中国建设银行 （回单） 1

年 月 日

出票人	全称		收款人	全称	
	账号			账号	
	开户银行			开户银行	
金额	人民币（大写）			亿千百十万千百十元角分	
票据种类		票据张数			
票据号码					
	复核 记账			开户银行签章	

此联是开户银行交给持（出）票人的回单

业务 8-1

付款申请书

2023 年 12 月 03 日

用途及情况	金 额	收款单位(人)：加加纺织有限公司
支付货款	亿 千 百 十 万 千 百 十 元 角 分	账 号：41622124517212
	￥ 1 1 3 0 0 0 0 0	开户行：中国建设银行北京市大兴区支行
金额（大写）合计：	人民币壹拾壹万叁仟元整	结算方式：转账支票
总经理 李杰	财务部门	经理 朱胜利	业务部门	经理 王群忠
		会计 刘宇		经办人 李津

业务 8-2

中国建设银行
转账支票存根
10501126
00001701

附加信息

出票日期 年 月 日
收款人：
金额：
用途：
单位主管 会计

中国建设银行 转账支票 10501126
                              00001701

出票日期（大写）   年   月   日   付款行名称：
收款人：   出票人账号：
人民币（大写）   亿千百十万千百十元角分
用途   密码
上列款项请从   行号
我账户内支付
出票人签章   复核 记账

付款期限自出票之日起十天

12月4日

业务9-1

业务9-2

业务9-3

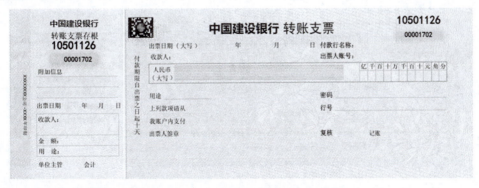

业务 9-4

```
          中国建设银行          (回单)   1
                           年 月 日
┌─────────────────────────────────────────────────────────┐
│ 出  全 称              │ 收  全 称              │ 此  │
│ 票  账 号              │ 款  账 号              │ 联是│
│ 人  开户银行           │ 人  开户银行           │ 开户│
│ 金  人民币                                              │
│ 额  (大写)     │亿千百十万千百十元角分│              银行│
│                                                         │
│ 票据种类        票据张数                                │
│ 票据号码                                                │
│                                                         │
│       复核    记账              开户银行签章           │
└─────────────────────────────────────────────────────────┘
```

业务 10-1

北京绮梦纺织品有限公司生产耗用表

2023 年 12 月 04 日

产品名称	单人床单	双人床单	单人床罩	双人床罩	枕套
规格	1.5×2.5	2.4×2.7	1.5×2.1	2.0×2.3	0.48×0.74
耗用材料规格	2.4	3.0	2.4	2.4	3.0
单位用量	1.6	2.5	3.2	4.2	0.25
本次投产量（条）	1500	1500			
本次领料（米）	2400	3750			

会计　　　　　　　　复核　　　　　　　　经办人

业务 10-2

北京绮梦纺织品有限公司领料单

领料单位：　　　　　　　　年　月　日　　　　　　　　编号：FL

类别	编号	名称	规格	单位	数量 请领	数量 实发	单价	金额
用途					领料部门 负责人	领料部门 实领人	发料部门 核准人	发料部门 发料人

第三联 记账联

会计：刘宁　　　　　　复核：吴鹏英　　　　　　制表：李一帆

业务 10-3

北京绮梦纺织品有限公司领料单

领料单位：　　　　　　　　　　年　月　日　　　　　　　　　编号：FL

类别	编号	名称	规格	单位	数量		单价	金额
					请领	实发		
用途					领料部门		发料部门	
					负责人	实领人	核准人	发料人

第三联 记账联

会计：刘宁　　　　　　　　　　复核：吴鹏英　　　　　　　　　　制表：李一帆

12 月 5 日

业务 11-1

收　料　单

供应单位：　　　　　　　　　　年　月　日　　　　　　　　　编号：

材料编号	名称	单位	规格	数量		实际成本			
				应收	实收	单价	发票价格	运杂费	总价
备注：									

第二联 记账联

收料人：　　　　　　　　　　　　　　　　　　交料人：

12 月 6 日

业务 12-1

北京绮梦纺织品有限公司维修审批单

2023 年 12 月 1 日

部门	生产车间	经济业务内容	生产设备维修
金额	人民币（大写）伍仟陆佰伍拾元整		¥5,650.00
结算方式	现金（　）	网银（　）　转账支票（　）	其他（ √ ）
收款人名称	众邦维修服务有限公司		
开户银行	中国建设银行南京市秦淮区支行		
账号	41622124857452		

经办人：吴鹏英　　部门经理：吴鹏英　　财务经理：朱胜利　　单位负责人：李杰

业务 12-2

修理报告单

2023 年 12 月 6 日

设备名称：缝纫设备		生产厂家：南京新华机械厂		型号：YU0986	
出厂编号：2020-12-28		使用部门：生产车间		报修时间：2023-12-01	
性质	1. 自主维修	☑故障维修	□预防维修	□计量检测后维修	
	2. 外修	□保质期内维修	□合同维修	☑第三方维修	□临时叫修
	外修单位	众邦维修服务有限公司		电话 025-15994248	
故障现象			略		
故障分析			略		
维修内容			略		

业务 12-3

业务 13-1

购销合同

合同编号：AP456587

购货方（以下简称甲方）：北京绮梦纺织品有限公司

供货方（以下简称乙方）：加加纺织有限公司

甲方和乙方经过平等协商，在真实、充分地表达各自意愿的基础上根据《中华人民共和国民法典》《中华人民共和国产品质量法》的规定，达成如下协议：

一、货物名称、计量单位、具体规格型号、数量

序号	货物名称	规格	单位	数量	单价（元）	金额（元）	交货时间	备注
1	2.4米棉布	2.4	米	200	10.00	2,000.00	2023-12-06	
2	3.0米棉布	3.0	米	600	13.50	8,100.00	2023-12-06	

合同价款（人民币大写）：壹万零壹佰元整	增值税（人民币大写）：壹仟叁佰壹拾叁元整
合同价款：¥10,100.00	增值税：¥1,313.00

二、质量要求

2.1 货物的质量标准，按照【国家标准】（国家标准、行业标准、企业标准）执行；

2.2 依据生产需要，采购商品要求确保产品质量。

三、交货规定

3.1 交货方法：由乙方负责送货。

3.2 运输方式：运输及保险费用由乙方负担。货物交付给甲方之前，货物相关全部风险由乙方承担。

3.3 交货地点：北京大兴区刘玉街马月路96号绮梦纺织品有限公司。

3.4 货物资料：乙方完成交货时附上双方约定的记录货物相关事项的资料。

四、付款方式

4.1 货到付款；

4.2 合同生效后乙方安排将合同规定的货物发送到指定地点，现场验收合格且资料齐全，并将全额发票交付甲方。

五、违约责任

5.1 乙方如在接到甲方采购合同后2天内不回签给甲方，本合同自动作废。

5.2 合同生效后，除经双方友好协商且由书面协议外，任何一方不得擅自解除合同，若任何一方擅自不履行合同，承担一切后果。

购货方（甲方）北京绮梦纺织品有限公司

法定代表人：闫瑞

开户银行及账号：中国建设银行北京市大兴区支行 41622124713376

电话：010-63309892

售货方（乙方）加加纺织有限公司

法定代表人：张瑞祥

开户银行及账号：中国建设银行北京市大兴区支行 41622124517212

电话：010-33252943

业务 13-2

业务 13-3

收 料 单

供应单位：　　　　　　　　　　年　月　日　　　　　　　编号：

材料编号	名称	单位	规格	数量		单价	实际成本		
				应收	实收		发票价格	运杂费	总价
备注：									
收料人：					交料人：				

12月7日

业务 14-1

业务 14-2

业务 14-3

借款单

2023 年 12 月 01 日　　　　　　　　　　NO 02857

借款人：赵爱东	所属部门：销售部
借款用途：洽公	
借款金额：人民币(大写) 贰仟元整	￥2000.00
部门负责人审批：刘学军 2023-12-01	借款人(签章)：赵爱东 2023-12-01
财务部门审核：朱胜利 2023-12-01	现金付讫
单位负责人批示：同意	签字：苏建朝 2023-12-01
核销记录：	

业务 14-4

业务 14-5

差旅费报销单

2023 年 12 月 07 日　　　　　　　　　　附原始单据 3 张

姓名	赵爱东		工作部门	销售部				出差事由	洽公			
日期		地点		车船费		深夜补贴	途中补贴	住勤费			旅馆费	公交费	金额合计
起	迄	起	迄	车次或船名	时间	金额			地区	天数	补贴			
20231203	20231206	北京市	南京市			520.00			南京市	4	400.00	840.00		1760.00
报销金额(大写) 人民币			壹仟柒佰陆拾元整						合计(小写)		￥1760.00		
补付金额：						退回金额：￥240.00							
领导批准 李杰		会计主管 朱胜利			部门负责人 钟国钊			审核 刘宁			报销人 赵爱东		

业务 14-6

业务 15-1

业务 15-2

业务 15-3

销售出库单

单位名称：新凯合酒店　　　　　　　出库日期：2023-12-07

序号	产品名称	规格	单位	数量	单价（含税）	金额（含税）	批号	产品质量
1	单人床单	1.5×2.5	条	400	56.50	22,600.00		
2	双人床单	2.4×2.7	条	200	90.40	18,080.00		
合计						¥40,680.00		

会计：　　　　　　　　　　复核：　　　　　　　　　　制表：

第三联 会计联

业务 16-1

销售单

| 购货单位：星络酒店有限公司 | 地址和电话：福建省福州市鼓楼区周实街社色路81号 0591-27544895 | 单据编号：XS050 |
| 纳税识别号：913501025270945526 | 开户行及账号：中国建设银行福州市鼓楼区支行 41622124778994 | 制单日期：2023-12-07 |

编码	产品名称	规格	单位	单价	数量	金额	备注
OZ001	*纺织品*单人床罩		件	113.00	400	45200.00	含税价
OZ002	*纺织品*双人床罩		件	180.80	200	36160.00	含税价
合计　人民币（大写）：捌万壹仟叁佰陆拾元整						¥81360.00	

销售经理：钟国钊　　经手人：赵爱东　　会计：刘宁　　签收人：

会计联

业务 16-2

销售出库单

单位名称：星络酒店有限公司　　　　出库日期：2023-12-07

序号	产品名称	规格	单位	数量	单价（含税）	金额（含税）	批号	产品质量
1	单人床罩	1.5×2.1	件	400	113.00	45,200.00		
2	双人床罩	2.0×2.3	件	200	180.80	36,160.00		
合计						¥81,360.00		

会计：刘宁　　　　　　　　复核：钟国钊　　　　　　　制表：赵爱东

第三联 会计联

业务 16-3

中国建设银行 （收账通知） 3

2023 年 12 月 07 日

出票人	全称	星络酒店有限公司	收款人	全称	北京绮梦纺织品有限公司
	账号	41622124778994		账号	41622124713376
	开户银行	中国建设银行福州市鼓楼区支行		开户银行	中国建设银行北京市大兴区支行

金额 人民币（大写）捌万壹仟叁佰陆拾元整　¥ 8 1 3 6 0 0 0

票据种类	银行汇票	票据张数	2
票据号码	1050354131033887		

中国建设银行 北京市大兴区支行 2023-12-07 收讫（02）

复核　记账　开户银行签章

业务 17-1

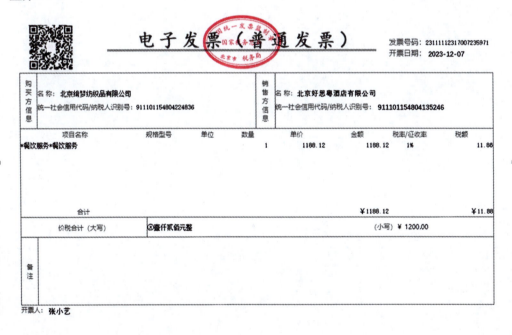

业务 17-2

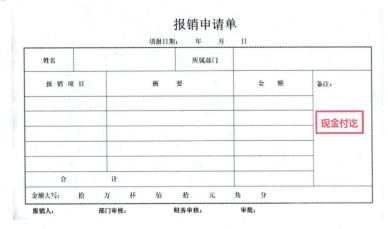

业务 18-1

物品购置审批表

购置部门：办公室　　　　日期：2023 年 12 月 5 日

序号	名称	规格型号	单位	单价	数量	预计金额	用途
1	中性笔	0.6	盒	60.00	10	600.00	办公
	合计					¥600.00	

第三联 会计联

申请人：肖丽华　　　部门负责人：肖丽华　　　财务经理：朱胜利　　　单位负责人：

业务 18-2

业务 18-3

付款申请书

2023 年 12 月 09 日

用途及情况	金　额										收款单位(人)：恒兴办公用品有限公司
	亿	千	百	十	万	千	百	十	元	角	分
购买办公用品					¥	6	1	8	0	0	账　号：4162212400514
											开户行：中国建设银行北京市海淀区支行
金额（大写）合计：	人民币陆佰壹拾捌元整										结算方式：转账支票
总经理	李杰		财务部门	经理	朱胜利		业务部门	经理	王群忠		
				会计	刘宁			经办人	李津		

业务 18-4

中国建设银行 转账支票存根 10501126 0001703

中国建设银行 转账支票 10501126 0001703

业务 18-5

办公用品领用单

领用部门：办公室　　　　　　2023 年 12 月 9 日

序号	名称	规格型号	单位	数量	领用人
1	中性笔	0.6	盒	10	肖丽华
合　计					

会计：刘宁　　　　　　复核：朱胜利　　　　　　经办人：肖丽华

第三联 会计联

业务 19-1

业务 19-2

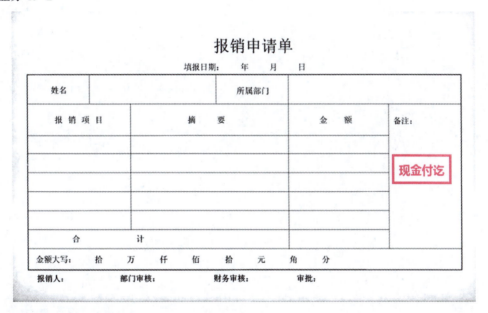

业务 20-1

付款申请书
2023 年 12 月 10 日

用途及情况	金　额	收款单位(人):北京红十字会
捐款	亿千百十万千百十元角分 ￥ 1 0 0 0 0 0	账　号:41622124853840 开户行:中国建设银行北京市东城区支行
金额(大写)合计: 人民币壹万元整		结算方式:转账支票
总经理 李杰	财务部门	经理 朱胜利 会计 刘宁	业务部门	经理 王群忠 经办人 李津

业务 20-2

业务 20-3

业务 21-1

绮梦公司工资结算明细表
2023 年 11 月 30 日

姓名	基本工资	奖金	应付工资	养老保险	医疗保险	失业保险	个税	扣款合计	实发工资
闫瑞	4,000.00	1,000.00	5,000.00	400.00	100.00	25.00		525.00	4,475.00
李杰	3,500.00	500.00	4,000.00	320.00	80.00	20.00		420.00	3,680.00
…	…	…	…	…	…	…	…	…	…
赵爱东	3,500.00	500.00	4,000.00	320.00	80.00	20.00		420.00	3,680.00
合计	（略）	（略）	220,720.00	（略）	（略）	（略）		5,520.00	215,200.00

会计：刘宁　　　　　　　　　复核：肖丽华　　　　　　　　制表：胡颖

业务 21-2

中国建设银行网上银行电子回单（付款）

电子回单号码：0000043211998705539

付款方	户名	北京绮梦纺织品有限公司	收款人	户名	北京绮梦纺织品有限公司（员工）
	账号	41622124713376		账号	41622124713259
	开户行	中国建设银行北京市大兴区支行		开户行	中国建设银行北京市大兴区支行
币种		人民币	交易渠道		
金额（小写）		215 200.00	金额（大写）		贰拾壹万伍仟贰佰元整
交易时间		2023-12-10 9:30:07	会计日期		202312
附言			贷发 11 月份工资		

12 月 11 日

业务 22-1

北京绮梦纺织品有限公司出差审批单

申请部门：办公室　　　　　　　2023 年 12 月 10 日

出差人	李杰	出差地点	上海市
出差事由	洽谈业务	预计时间	从 2023 年 12 月 13 日 至 2023 年 12 月 16 日 共 4 天
预计金额	人民币　（大写）叁仟元整　　¥3,000.00		
所在部门意见	同意　　　　签（章）字钟国钊 2023 年 12 月 10 日		
主管领导审批意见	同意　　　　签（章）字李杰 2023 年 12 月 10 日		
财务处意见	同意　　　　签（章）字朱胜利 2023 年 12 月 10 日		
公司领导审批意见	同意　　　　签（章）字闫瑞 2023 年 12 月 10 日		

业务 22-2

借款单

2023 年 12 月 11 日　　NO 02857

借款人：李杰	所属部门：办公室
借款用途：出差借款	
借款金额：人民币(大写) 叁仟元整　　¥3000.00	
部门负责人审批：同意 闫斌 2023-12-11	借款人(签章)：李杰 2023-12-11
财务部门审核：同意 朱胜利 2023-12-11	
单位负责人批示：同意	签字：李杰 2023-12-11
核销记录：	

第一联 付款联（付款人记账）

业务 22-3

提现申请单

2023 年 12 月 11 日

收款单位	北京绮梦纺织品有限公司		
地址	北京市大兴区刘玉街马月路96号	联系电话	010-63309892
收款人开户行	中国建设银行北京市大兴区支行	开户账号	41622124713376
内容	李杰出差预借差旅费		
大写	人民币叁仟元整　　¥3000.00		

审批：朱胜利　审核：刘宁　经办人：苏建朝

业务 22-4

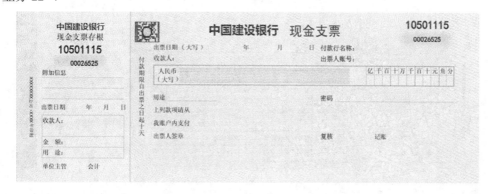

业务 23-1

采购合同
合同编号：AP456588

购货方（以下简称甲方）：北京绮梦纺织品有限公司
供货方（以下简称乙方）：加加纺织有限公司

甲方和乙方经过平等协商，在真实、充分地表达各自意愿的基础上根据《中华人民共和国民法典》《中华人民共和国产品质量法》的规定，达成如下协议：

一、货物名称、计量单位、具体规格型号、数量

序号	货物名称及描述	规格	单位	数量	单价（元）	金额（元）	交货时间	备注
1	2.4米棉布	2.4	米	2,000	9.75	19,500.00	2023-12-11	
合同价款（人民币大写）：壹万玖仟伍佰元整				增值税（人民币大写）：贰仟伍佰叁拾伍元整				
合同价款：¥19,500.00				增值税：¥2,535.00				

二、质量要求
2.1 货物的质量标准，按照【国家标准】（国家标准、行业标准、企业标准）执行。
2.2 依据生产需要，采购合同要求确保产品质量。

三、交货规定
3.1 交货方法：由甲方负责取货。
3.2 运输方式：由甲方自行选择运输方式，运输及保险费用由甲方负担。货物出厂，货物相关全部风险由甲方承担。
3.3 货物资料：乙方完成交货时附上双方约定的记录货物相关事项的资料。

四、付款方式
4.1 货到后30天内付款。
4.2 合同生效后乙方安排将合同规定的货物发送到指定地点，现场验收合格且资料齐全，并将全额发票交付甲方。

五、违约责任
5.1 乙方如在接到甲方采购合同后2天内不回签给甲方，本合同自动作废。
5.2 合同生效后，除经双方友好协商且由书面协议外，任何一方不得擅自解除合同，若任何一方擅自不履行合同，则承担一切后果。

购货单位（甲方）：北京绮梦纺织品有限公司
法定代表人：闫瑞
开户银行及账号：中国建设银行北京市大兴区支行 41622124713376
电话：010-63309892
2023年12月10日

供货单位（乙方）：加加纺织有限公司
法定代表人：张瑞祥
开户银行及账号：中国建设银行北京市大兴区支行 41622124517212
电话：010-33252943
2023年12月10日

业务 23-2

业务 23-3

委托运输协议

托运方：北京绮梦纺织品有限公司

承运方：捷诺达物流有限公司

经甲乙双方友好协商，就甲方棉布运输事项达成合同条款如下。

一、责任和义务

托运方负责装卸，承运方予以协助。货物上车就位后，承运方负责核实货物数量及重量。承运方应按时、安全地将货物送至托运方指定地点。运送时间由托运方提前一天通知承运方到现场装货，当天装货须当天发车直接开往目的地。承运方必须出示身份证原件、行车执照原件，由托运方确认后，复印存档。

二、违约责任

承运方应在托运方约定的时间 2023 年 12 月 11 日内将上述货物安全无误地运至目的地，如未按时将货物送到，则每延期一天乙方承担货款 5% 的违约金。

三、运输地点和价格

北京大兴区刘玉街马月路 96 号北京绮梦纺织品有限公司，运输费人民币伍佰元整（小写 ¥500.00），增值税肆拾伍元整（小写 ¥45.00）。

四、付款方式

待全部货物运抵目的地后，由收货人按发货清单验收合格（数量及质量）后 30 天内付款。

五、法律责任

承运方必须遵照国家有关法律执行本合同，如运输过程中违反相关法律，一切责任由承运方负责。

本合同在执行中发生纠纷，由当事人双方协商解决，协商不成，由北京市朝阳区基层人民法院管辖。

本合同执行期内，甲、乙双方均不得随意变更或解除合同，合同如有未尽事宜，须经双方共同协商，作出补充规定，补充规定与本合同具有同等效力。本合同正本壹式贰份，甲、乙双方各执壹份，签字盖章后生效，本合同复印件有效。

甲方：北京绮梦纺织品有限公司　　　　乙方：捷诺达物流有限公司

甲方联系人：赵志伟　　　　　　　　　乙方联系人：杨振旭

联系电话：1334587****　　　　　　　联系电话：863355****

　　　　　　　　　　　　　　　　　　驾驶证号：1HB0119800322****

　　　　　　　　　　　　　　　　　　车牌号：京C34587

　　　　　　　　　　　　　　　　　　　　　　2023 年 12 月 10 日

业务 23-4

发票备注栏填写标准

业务 23-5

收 料 单

供应单位：					年　月　日			编号：		
材料编号	名称	单位	规格	数量		实际成本				
				应收	实收	单价	发票价格	运杂费	总价
备注：										

收料人：　　　　　　　　　　　　　　交料人：

12月12日

业务 24-1

业务 24-2

业务 24-3

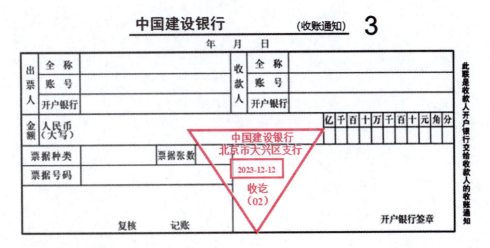

12月14日

业务 25-1

北京绮梦纺织品有限公司产品入库单

年　　月　　日　　　　　　　　　　　　　　　金额单位：元

编号	名称	规格	单位	数量
合计				

第三联 记账联

会计　　　　　　　　复核　　　　　　　　制表

12月15日

业务 26-1

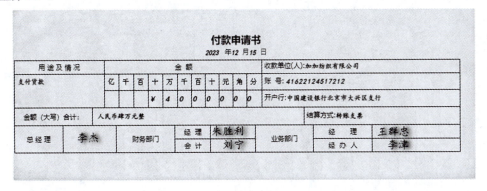

业务 26-2

业务 26-3

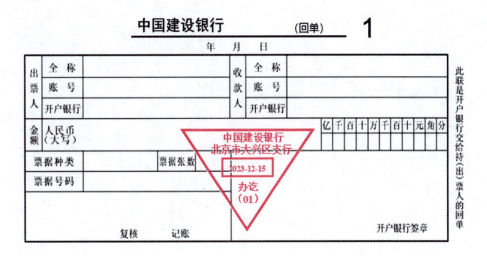

业务 27-1

编码	产品名称	规格	单位	单价	数量	金额	备注
CD001	*纺织品*单人床单		条	56.50	1000	56500.00	含税价
CD002	*纺织品*双人床单		条	90.40	1000	90400.00	含税价

销售单 单编号：XS040 制表日期：2023-12-15
购货单位：常来客酒店有限公司
纳税识别号：913204053242015954
开户行及账号：中国建设银行常州市戚墅堰支行 41622124094268
合计 人民币（大写）：壹拾肆万陆仟玖佰元整 ¥146900.00
销售经理：钟国钊 经手人：赵爱东 会计：刘宁 签收人：

业务 27-2

销售出库单

单位名称：常来客酒店有限公司　　出库日期：2023-12-15

序号	产品名称	规格	单位	数量	单价（含税）	金额（含税）	批号	产品质量
1	单人床单	1.5×2.5	条	1000	56.50	56,500.00		
2	双人床单	2.4×2.7	条	1000	90.40	90,400.00		
合计						¥146,900.00		

会计：刘宁　　　　　复核：钟国钊　　　　　制表：赵爱东

第三联 会计联

业务 27-3

业务 28-1

业务 28-2

业务 28-3

委托运输协议

托运方：北京绮梦纺织品有限公司

承运方：捷诺达物流有限公司

经甲乙双方友好协商，就甲方棉布运输事项达成合同条款如下。

一、责任和义务

托运方负责装卸，承运方予以协助。货物上车就位后，承运方负责核实货物数量及重量。承运方应按时、安全地将货物送至托运方指定地点。运送时间由托运方提前一天通知承运方到现场装货，当天装货须当天发车直接开往目的地。承运方必须出示身份证原件、行车执照原件，由托运方确认后，复印存档。

二、违约责任

承运方应在托运方约定的时间 2023 年 12 月 20 日内将上述货物安全无误地运至目的地，如未按时将货物送到，则每延期一天乙方承担货款 5% 的违约金。

三、运输地点和价格

江苏省常州市戚墅堰区张献街王建路 94 号常来客酒店有限公司；运输费人民币贰仟元整（小写 ¥2 000.00），增值税壹佰捌拾元整（小写 ¥180.00）。

四、付款方式

货物发出后付款。

五、法律责任

承运方必须遵照国家有关法律执行本合同，如运输过程中违反相关法律，一切责任由承运方负责。

本合同在执行中发生纠纷，由当事人双方协商解决，协商不成，由北京市朝阳区基层人民法院管辖。

本合同执行期内，甲、乙双方均不得随意变更或解除合同，合同如有未尽事宜，须经双方共同协商，作出补充规定，补充规定与本合同具有同等效力。本合同正本壹式贰份，甲、乙双方各执壹份，签字盖章后生效，本合同复印件无效。

甲方：北京绮梦纺织品有限公司	乙方：捷诺达物流有限公司
甲方联系人：赵志伟	乙方联系人：杨城旭
联系电话：1334587****	联系电话：1863355****
	驾驶证号：110101119800322****
	车牌号：京 D56985

2023 年 12 月 15 日

业务 28-4

业务 29-1

中华人民共和国
税收通用缴款书

隶属关系：

经济类型：　　　　　　　　2023 年 12 月 15 日　　　　　　征收机关：北京市税务局

交款单位	代码	911101154804224836	预算科目	编码	
	全称	北京绮梦纺织品有限公司		名称	增值税
	开户银行	中国建设银行北京市大兴区支行		级次	中央级 75%，地方级 25%
	账号	41622124713376	代缴国库		北京市支库经受处

税款所属时期：2023-11-01—2023-11-30　　　　税款限缴日期：2023 年 12 月 15 日

品目名称	课税数量	计税金额或销售收入	税率或单位税额	已缴或扣除额	实缴金额
增值税					56,000.00

金额	人民币（大写）⊗伍万陆仟元整	¥56,000.00

缴款单位（人）（盖章）经办人（章）	税务机关（盖章）填票人（章）	上列款项已收妥并划转收款单位账户 国库（银行）盖章 2023 年 12 月 15 日	备注：

业务 29-2

中华人民共和国

税收通用缴款书

隶属关系：

经济类型：　　　　　　　　　　2023 年 12 月 15 日　　　　　　征收机关：北京市税务局

交款单位	代码	91110115480422 4836	预算科目	编码	
	全称	北京绮梦纺织品有限公司		名称	城市维护建设税
	开户银行	中国建设银行 北京市大兴区支行		级次	地方级
	账号	41622124713376	代缴国库		北京市支库经受处

税款所属时期：2023-11-01—2023-11-30　　　　税款限缴日期：2023 年 12 月 15 日

品目名称	课税数量	计税金额或销售收入	税率或单位税额	已缴或扣除额	实缴金额
城市维护建设税					3,920.00
金额		人民币（大写）⊗ 叁仟玖佰贰拾元整			¥3,920.00

缴款单位（人） （盖章） 经办人（章）	税务机关 （盖章） 填票人（章）	上列款项已收妥并划转收款单位账户 国库（银行）盖章 2023 年 12 月 15 日	备注：

业务 29-3

中华人民共和国
税收通用缴款书

隶属关系：

经济类型： 　　　　　　　　2023 年 12 月 15 日　　　　　　征收机关：北京市税务局

交款单位	代码	91110115480422 4836	预算科目	编码	
	全称	北京绮梦纺织品有限公司		名称	教育费附加
	开户银行	中国建设银行北京市大兴区支行		级次	地方级
	账号	41622124713376		代缴国库	北京市支库经受处
税款所属时期：2023-11-01—2023-11-30			税款限缴日期：2023 年 12 月 15 日		
品目名称	课税数量	计税金额或销售收入	税率或单位税额	已缴或扣除额	实缴金额
教育费附加					1,680.00
金额		人民币（大写）⊗壹仟陆佰捌拾元整			¥1,680.00
缴款单位（人） （盖章） 经办人（章）	税务机关 （盖章） 填票人（章）	上列款项已收妥并划转收款单位账户 国库（银行）盖章 2023 年 12 月 15 日			备注：

业务 30-1

北京绮梦纺织品有限公司生产耗用表

2023 年 12 月 15 日

产品名称	单人床单	双人床单	单人床罩	双人床罩	枕套
规格	1.5×2.5	2.4×2.7	1.5×2.1	2.0×2.3	0.48×0.74
耗用材料规格	2.4	3.0	2.4	2.4	3.0
单位用量	1.6	2.5	3.2	4.2	0.25
本次投产量（条）	1500	1500			
本次领料（米）	2400	3750			

会计：刘宁　　　　复核：吴鹏英　　　　制表：李一帆

业务 30-2

北京绮梦纺织品有限公司领料单

领料单位：　　　　　　　年　月　日　　　　　　　编号：FL

类别	编号	名称	规格	单位	数量		单价	金额
					请领	实发		
用途					领料部门		发料部门	
					负责人	实领人	核准人	发料人

第三联 记账联

会计：刘宁　　　　复核：吴鹏英　　　　制表：李一帆

业务 30-3

北京绮梦纺织品有限公司领料单

领料单位：　　　　　　　年　月　日　　　　　　　编号：FL

类别	编号	名称	规格	单位	数量		单价	金额
					请领	实发		
用途					领料部门		发料部门	
					负责人	实领人	核准人	发料人

第三联 记账联

会计：刘宁　　　　复核：吴鹏英　　　　制表：李一帆

12月18日

业务31-1

中国建设银行 (收账通知) 3

2023年12月18日

出票人	全称	常来客酒店有限公司	收款人	全称	北京绮梦纺织品有限公司	此联是收款人开户银行交给收款人的收账通知
	账号	41622124094268		账号	41622124713376	
	开户银行	中国建设银行常州市戚墅堰区支行		开户银行	中国建设银行北京市大兴区支行	

金额 人民币(大写) 捌万壹仟玖佰元整 ¥ 8 1 9 0 0 0 0

票据种类	银行汇票	票据张数	2
票据号码	1050324112933611		

中国建设银行北京市大兴区支行 2023-12-18 办讫(01)

复核　记账　　　　　　　　开户银行签章

业务32-1

中国建设银行客户专用回单

币别 人民币　　2023年12月18日　流水号 110120027J0500810048

付款人	全称	七天酒店有限公司	收款人	全称	北京绮梦纺织品有限公司
	账号	41622124114691		账号	41622124713376
	开户行	中国建设银行南京市栖霞区支行		开户行	中国建设银行北京市大兴区支行

金额 (大写) 人民币 贰万元整　　(小写) ¥20000.00

凭证种类 网银　　凭证号码

结算方式 转账　　用途 转账存入

打印柜员：110425584257
打印机构：中国建设银行北京市大兴区支行
打印卡号：41622124713376

打印时间：2023-12-18　交易柜员：110125584268　交易机构：110110568

业务32-2

收款收据　　NO.000820

年　月　日

今收到：_____

交　来：_____

金额(大写) 佰 拾 万 仟 佰 拾 元 角 分　　银行收讫

¥_____　□现金 □转账支票 □其他　　收款单位(盖章)

核准　会计　记账　出纳　经手人

业务 33-1

购销合同
合同编号：BP45690

购货方（以下简称甲方）：北京绮梦纺织品有限公司
供货方（以下简称乙方）：嘉利布业纺织有限公司

甲方和乙方经过平等协商，在真实、充分地表达各自意愿的基础上根据《中华人民共和国民法典》《中华人民共和国产品质量法》的规定，达成如下协议。

一、货物名称、计量单位、具体规格型号、数量

序号	货物名称及描述	规格	单位	数量	单价（元）	金额（元）	交货时间	备注
1	2.4米棉布	2.4	米	3000	9.80	29,400.00	2023-12-21	
2	3.0米棉布	3.0	米	2000	13.30	26,600.00	2023-12-21	

合同价款（人民币大写）：伍拾陆万陆仟元整	增值税（人民币大写）：柒仟贰佰捌拾元整
合同价款：¥56,600.00	增值税：¥7,280.00

二、质量要求
2.1 货物的质量标准，按照【国家标准】（国家标准、行业标准、企业标准）执行；
2.2 依据生产需要，采购合同要求确保产品质量。

三、交货规定
3.1 交货方法：由甲方自行提货。
3.2 运输方式：由甲方自行选择运输方式，运输及保险费用由甲方负担。货物交付给甲方，货物相关全部风险由甲方承担。
3.3 交货地点：江苏省南通市通州区苏俊街王建路95号嘉利布业纺织有限公司
3.4 货物资料：乙方完成交货时附上双方约定的记录货物相关事项的资料。

四、付款方式
4.1 合同签订后先预付 30000 元货款，其余部分货到后 10 天内付款。
4.2 合同生效后乙方安排将合同规定的货物发送到指定地点，现场验收合格且资料齐全，并将全额发票交付甲方。

五、违约责任
5.1 乙方如在接到甲方采购合同后 2 天内不回签给甲方，本合同自动作废。
5.2 合同生效后，除经双方友好协商且由书面协议外，任何一方不得擅自解除合同，若任何一方擅自不履行合同，承担一切后果。

购货方（甲方）北京绮梦纺织品有限公司　　　售货方（乙方）嘉利布业纺织有限公司
法定代表人：闫瑞　　　　　　　　　　　　　法定代表人：王方
开户银行及账号：中国建设银行北京市　　　　开户银行及账号：中国建设银行南通市
大兴区支行 4162212471 3376　　　　　　　　通州区支行 4162212259015
电话：010-63309892　　　　　　　　　　　　电话：0513-83699935
2023 年 12 月 17 日　　　　　　　　　　　　2023 年 12 月 17 日

业务 33-2

付款申请书
2023 年 12 月 18 日

用途及情况	金 额	收款单位(人)：嘉利布业纺织有限公司
预付货款	亿 千 百 十 万 千 百 十 元 角 分 ¥ 3 0 0 0 0 0 0	账　号：41622124259015 开户行：中国建设银行南通市通州区支行
金额（大写）合计：人民币叁万元整		结算方式：电汇
总经理　李杰　财务部门	经理　　 会计　刘宁	业务部门	经　理　王群忠 经办人　李津

业务 33-3

12 月 20 日

业务 34-1

2023 年 12 月 20 日 10 时 15 分
中国建设银行人民币利息计息通知单

中国建设银行北京市大兴区支行	2023 年 12 月 20 日
单位账号：41622124713376	单位名称：北京绵梦纺织品有限公司
应付利息：3262.50	应收利息：
摘要：计息期间	2023.9.21－2023.12.21

业务 34-2

短期借款计息单

2023 年 12 月 20 日

项目	金额	年利率（%）	月利息
短期借款	300,000.00	4.35	1,087.50
合计			¥1,087.50

会计　　　　　　　　复核　　　　　　　　制表

业务 34-3

12 月 22 日

业务 35-1

业务 35-2

委托运输协议

托运方：北京绮梦纺织品有限公司

承运方：智敏物流有限公司

经甲乙双方友好协商，就甲方棉布运输事项达成合同条款如下。

一、责任和义务

托运方负责装卸，承运方予以协助。货物上车就位后，承运方负责核实货物数量及重量。承运方按时、安全地将货物送至托运方指定地点。运送时间由托运方提前一天通知承运方到现场装货，当天装货须当天发车直接开往目的地。承运方必须出示身份证原件、行车执照原件，由托运方确认后，复印存档。

二、违约责任

承运方应在托运方约定的时间 2023 年 12 月 21 日内将上述货物安全无误地运至目的地，如未按时将货物送到，则每延期一天乙方承担货款 5% 的违约金。

三、运输地点和价格

北京大兴区刘玉街马月路 96 号绮梦纺织品有限公司；运输费人民币壹仟元整（小写 ¥1 000.00），增值税玖拾元整（小写 ¥90.00）。

四、付款方式

发货后由销售方嘉利布业纺织有限公司先行垫付。

五、法律责任

承运方必须遵照国家有关法律执行本合同，如运输过程中违反相关法律，一切责任由承运方负责。

本合同在执行中发生纠纷，由当事人双方协商解决，协商不成，由北京朝阳区基层人民法院管辖。

本合同执行期内，甲、乙双方均不得随意变更或解除合同，合同如有未尽事宜，须经双方共同协商，作出补充规定，补充规定与本合同具有同等效力。本合同正本壹式贰份，甲、乙双方各执壹份，签字盖章后生效，本合同复印件有效。

甲方：北京绮梦纺织品有限公司　　　　　　乙方：智敏物流有限公司

甲方联系人：赵志伟　　　　　　　　　　　乙方联系人：胡晓峰

联系电话：1334587****　　　　　　　　　联系电话：1393369****

　　　　　　　　　　　　　　　　　　　　驾驶证号：220101197910 15****

　　　　　　　　　　　　　　　　　　　　车牌号：苏 D38969

2023 年 12 月 17 日

业务 35-3

业务 35-4

北京绮梦纺织品有限公司材料采购费用分配表

　　　　　　　　　　　　年　　月　　日　　　　　　　　　　　金额单位：元

分配对象	分配标准	分配率	分配金额
合计			

第三联 记账联

会计：朱胜利　　　　　　　　复核：朱胜利　　　　　　　　制表：刘宁

业务 35-5

业务 36-1

付款申请书

2023 年 12 月 22 日

用途及情况	金额										收款单位(人)：嘉利布业纺织有限公司
补付货款及代垫运费，已预付30000元	亿	千	百	十	万	千	百	十	元	角	分	账　号：41622124259015
	¥			3	4	3	7	0	0	0	开户行：中国建设银行南通市通州区支行

金额（大写）合计：	人民币叁万肆仟叁佰柒拾元整	结算方式：电汇

| 总经理 | 李杰 | 财务部门 经理/会计 | 刘宁 | 业务部门 | 经理 | 王群忠 |
| | | | | | 经办人 | 李津 |

业务 36-2

中国建设银行　电汇凭证

币别：人民币　　2023 年 12 月 22 日　　流水号：54930639

汇款方式：☑普通　□加急

汇款人	全称	北京绮梦纺织品有限公司	收款人	全称	嘉利布业纺织有限公司
	账号	41622124713376		账号	41622124259015
	汇出地点	省 北京 市/县		汇入地点	江苏 省 南通 市/县
	汇出行名称	中国建设银行北京市大兴区支行		汇入行名称	中国建设银行南通市通州区支行

金额（大写）：叁万肆仟叁佰柒拾元整　　¥ 3 4 3 7 0 0 0

支付密码 2705-6357-3622-6160

附加信息及用途：补付货款及代垫运费，已预付30000元

第二联 客户回单

（北京绮梦纺织品有限公司财务专用章）（闫瑞）

客户签章

会计主管　　授权　　复核　　录入

业务 37-1

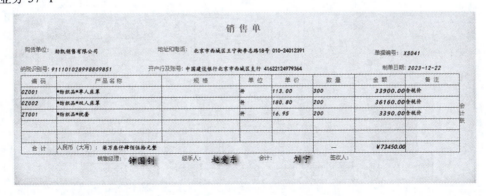

业务 37-2

销售出库单

单位名称：劲凯销售　　　　　　　　出库日期：2023-12-22

序号	产品名称	规格	单位	数量	单价（含税）	金额（含税）	批号	产品质量
1	单人床罩	1.5×2.1	件	300	113.00	33,900.00		
2	双人床罩	2.0×2.3	件	200	180.80	36,160.00		
3	枕套	0.48×0.74	件	200	16.95	3,390.00		
合计						¥73,450.00		

第三联 会计联

会计：刘宁　　　　　　复核：钟国钊　　　　　　制表：赵爱东

业务 37-3

电子发票（增值税专用发票）

发票号码：24111010817046813320
开票日期：2023-12-22

购买方信息	名　称：劲凯销售有限公司 统一社会信用代码/纳税人识别号：911101028998809851				销售方信息	名　称：北京绮梦纺织品有限公司 统一社会信用代码/纳税人识别号：911101154804224836			
项目名称	规格型号	单位	数量	单价		金额	税率/征收率		税额
*纺织产品*单人床罩	1.5×2.1	件	300	100.00		30000.00	13%		3900.00
*纺织产品*双人床罩	2.0×2.3	件	200	160.00		32000.00	13%		4160.00
*纺织产品*枕套	0.48×0.74	件	200	15.00		3000.00	13%		390.00
	合计					¥65000.00			¥8450.00
价税合计（大写）	⊗柒万叁仟肆佰伍拾元整					（小写）¥ 73450.00			
备注	销售方开户银行：中国建设银行股份有限公司北京大兴支行；银行账号41622124713376								

开票人：赵爱东

业务 37-4

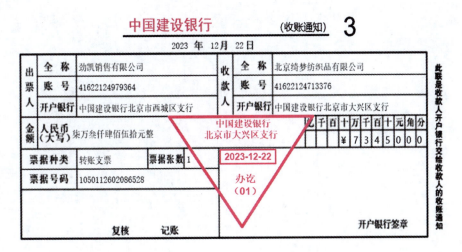

业务 38-1

业务 38-2

付款申请书											
2023 年 12 月 22 日											
用途及情况	金额									收款单位(人)：中国康平保险有限公司	
支付2024年财产保险费	亿	千	百	十	万	千	百	十	元	角	分	账号：41622124397663
					¥	1	2	7	2	0	0	开户行：中国建设银行北京市东城区支行
金额（大写）合计： 人民币壹万贰仟柒佰贰拾元整											结算方式：转账支票
总经理 李杰	财务部门			经理 朱胜利 会计 刘宁				业务部门		经理 王群忠 经办人 李津	

业务 38-3

业务 39-1

北京绮梦纺织品有限公司产品入库单

年　　月　　日　　　　　　　　　　　　　　　　金额单位：元

编号	名称	规格	单位	数量
合计				

第三联记账联

会计：刘宁　　　　　　复核：吴鹏英　　　　　　制表：李一帆

业务 40-1

业务 41-1

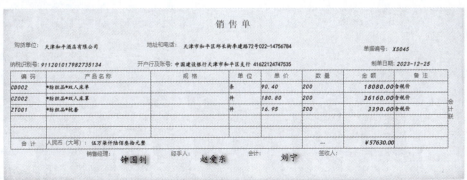

业务 41-2

销售出库单

单位名称：天津和平酒店有限公司　　出库日期：2023-12-25

序号	产品名称	规格	单位	数量	单价（含税）	金额（含税）	批号	产品质量
1	双人床单	2.4×2.7	条	200	90.40	18,080.00		
2	双人床罩	2.0×2.3	件	200	180.80	36,160.00		
3	枕套	0.48×0.74	件	200	16.95	3,390.00		
合计						¥57,630.00		

第三联　会计联

　　会计：刘宁　　　　　　复核：钟国钊　　　　　　制表：赵爱东

业务 41-3

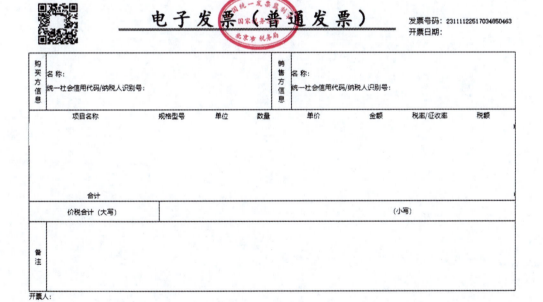

业务 42-1

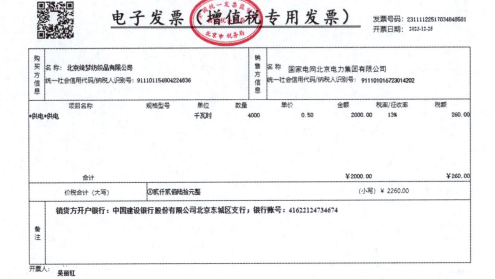

业务 42-2

北京绮梦纺织品有限公司电费分配表

年　　月　　日　　　　　　　　　　　　　　　　　　　　　金额单位：元

分配对象	分配标准	分配率	分配金额
生产车间	3,000		
管理部门	600		
销售部门	400		
合计	4,000		2,000.00

会计：朱胜利　　　　　　复核：朱胜利　　　　　　制表：刘宁

第三联 记账联

业务 42-3

付款申请书

2023 年 12 月 25 日

用途及情况	金额									收款单位(人)：国家电网北京电力集团有限公司
支付电费	亿	千	百	十	万	千	百	十	元	角	分	账号：41622124734674
	￥				2	2	6	0	0	0	开户行：中国建设银行北京东城区支行
金额(大写)合计：	人民币贰仟贰佰陆拾元整									结算方式：电汇
总经理	李杰	财务部门	经理		业务部门	经理	王群忠
			会计	刘宁		经办人	李津

业务 42-4

中国建设银行客户专用回单

币别：人民币			2023 年 12 月 25 日		流水号 110120027J0500810032	
付款人	全称	北京绮梦纺织品有限公司		收款人	全称	北京市电力股份有限公司北京市分公司
	账号	41622124713376			账号	41247650539015
	开户行	中国建设银行北京市大兴区支行			开户行	中国建设银行北京市大兴区支行
金额	（大写）人民币 贰仟贰佰陆拾元整				（小写）¥2260.00	
凭证种类	网银			凭证号码		
结算方式	转账			用途	支付电费	

打印柜员：110125584257
打印机构：中国建设银行北京市大兴区支行
打印卡号：41622124713376

（中国建设银行 转讫回单 专用章）

打印时间：2023-12-25   交易柜员：110125584268   交易机构：110110500541180148

第一联 借方（回单）

业务 43-1

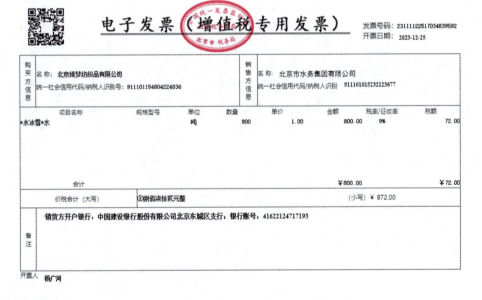

电子发票（增值税专用发票）

发票号码：23111122517034839592
开票日期：2023-12-25

购买方信息	名称：北京绮梦纺织品有限公司
	统一社会信用代码/纳税人识别号：911101154804224836
销售方信息	名称：北京市水务集团有限公司
	统一社会信用代码/纳税人识别号：911101015232123677

项目名称	规格型号	单位	数量	单价	金额	税率/征收率	税额
*水*自来水		吨	800	1.00	800.00	9%	72.00
合计					¥800.00		¥72.00
价税合计（大写）	⊗捌佰柒拾贰元整				（小写）¥872.00		

销货方开户银行：中国建设银行股份有限公司北京东城区支行 银行账号：41622124717193

备注：

开票人：杨广河

业务 43-2

绮梦公司水费分配表

　　　　年　　月　　日   金额单位：元

分配对象	分配标准	分配率	分配金额
生产车间	500		
管理部门	200		
销售部门	100		
合计	800		800.00

会计：朱胜利　　　　　复核：朱胜利　　　　　制表：刘宁

第三联 记账联

业务 43-3

付款申请书
2023 年 12 月 25 日

用途及情况	金额										收款单位(人):	
支付水费款	亿	千	百	十	万	千	百	十	元	角	分	账号:
						¥	8	7	2	0	0	开户行:
金额(大写) 合计:	人民币捌佰柒拾贰元整										结算方式:电汇	
总经理	李杰	财务部门		经理 会计	刘宁	业务部门				经理 经办人	王群忠 李津	

业务 43-4

中国建设银行客户专用回单

币别: 人民币		2023 年 12 月 25 日		流水号 110120027J0500810044	
付款人	全称	北京绮梦纺织品有限公司	收款人	全称	北京市水务集团有限公司
	账号	41622124713376		账号	41622124717193
	开户行	中国建设银行北京市大兴区支行		开户行	中国建设银行北京市东城区支行
金额	(大写) 人民币 捌佰柒拾贰元整			(小写) ¥872.00	
凭证种类	网银		凭证号码		
结算方式	转账		用途	支付水费	

打印柜员: 110125584257
打印机构: 中国建设银行北京市大兴区支行
打印卡号: 41622124713376

打印时间: 2023-12-25　交易柜员: 110125584268　交易机构: 110110500541180130

12 月 26 日

业务 44-1

销售单

购货单位: 北京和缓有限公司　　地址和电话: 北京市东城区陆静街王卫路63号 010-28872222　　单据编号: XS037
纳税识别号: 911101117431431437　　开户行及账号: 中国建设银行北京市东城区支行 41622124776042　　制单日期: 2023-12-26

编码	产品名称	规格	单位	单价	数量	金额	备注
CD001	*纺织品*单人床单		条	56.50	1000	56500.00	含税价
CD002	*纺织品*双人床单		条	90.40	1000	90400.00	含税价
CZ001	*纺织品*单人床罩		件	113.00	1000	113000.00	含税价
CZ002	*纺织品*双人床罩		件	180.80	1000	180800.00	含税价
ZT001	*纺织品*枕套		件	16.95	2000	33900.00	含税价
合计	人民币(大写): 肆拾柒万肆仟陆佰元整				—	¥474600.00	

销售经理: 钟国钊　经手人: 赵爱东　会计: 刘宁　签收人:

业务 44-2

销售出库单

单位名称：北京和缘　　　　　　出库日期：2023-12-25

序号	产品名称	规格	单位	数量	单价（含税）	金额（含税）	批号	产品质量
1	单人床单	1.5×2.5	条	1000	56.50	56,500.00		
2	单人床罩	1.5×2.1	件	1000	113.00	113,000.00		
3	双人床单	2.4×2.7	条	1000	90.40	90,400.00		
4	双人床罩	2.0×2.3	件	1000	180.80	180,800.00		
5	枕套	0.48×0.74	件	2000	16.95	33,900.00		
合计						¥474,600.00		

第三联　会计联

会计：刘宁　　　　　　　复核：钟国钊　　　　　　　制表：赵爱东

业务 44-3

电子发票（增值税专用发票）

发票号码：24111010817046816928
开票日期：2023-12-26

购买方信息	名　称：北京和缘有限公司 统一社会信用代码/纳税人识别号：911101011743131437								
销售方信息	名　称：北京绮梦纺织品有限公司 统一社会信用代码/纳税人识别号：911101154804224836								

项目名称	规格型号	单位	数量	单价	金额	税率/征收率	税额
*纺织产品*单人床单	1.5×2.5	条	1000	50.00	50000.00	13%	6500.00
*纺织产品*双人床单	2.4×2.7	条	1000	80.00	80000.00	13%	10400.00
*纺织产品*单人床罩	1.5×2.1	件	1000	100.00	100000.00	13%	13000.00
*纺织产品*双人床罩	2.0×2.3	件	1000	160.00	160000.00	13%	20800.00
*纺织产品*枕套	0.48×0.74	件	2000	15.00	30000.00	13%	3900.00
合计					¥420000.00		¥54600.00

价税合计（大写）　㊣肆拾柒万肆仟陆佰元整　　　　　　　（小写）¥ 474600.00

销售方开户银行：中国建设银行股份有限公司北京大兴支行；银行账号41622124713376

备注

开票人：赵爱东

业务 44-4

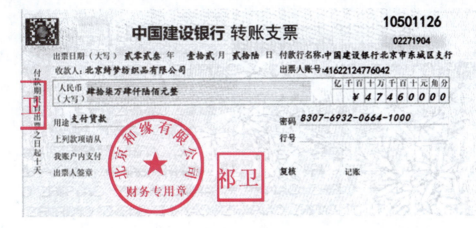

业务 44-5

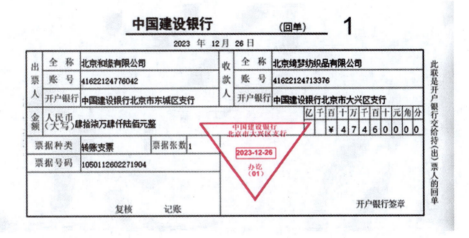

业务 45-1

购销合同
合同编号：JX78936

购货方（以下简称甲方）：北京绮梦纺织品有限公司

供货方（以下简称乙方）：吉林四平芬得机械制造有限公司

甲方和乙方经过平等协商，在真实、充分地表达各自意愿的基础上根据《中华人民共和国民法典》《中华人民共和国产品质量法》的规定，达成如下协议。

一、货物名称、计量单位、具体规格型号、数量

序号	货物名称及描述	规格	单位	数量	单价（元）	金额（元）	交货时间	备注
1	缝纫机械		台	1	200,000.00	200,000.00	2023-12-25	
合同价款（人民币大写）：贰拾万元整					增值税（人民币大写）：贰万陆仟元整			
合同价款：¥200,000.00					增值税：¥26,000.00			

二、质量要求

2.1 货物的质量标准，按照【国家标准】（国家标准、行业标准、企业标准）执行。

2.2 依据生产需要，采购合同要求确保产品质量。

三、交货规定

3.1 交货方法：由甲方自行提货。

3.2 运输方式：由甲方自行选择运输方式，运输及保险费用由甲方负担。货物交付给甲方，货物相关全部风险由甲方承担。

3.3 交货地点：吉林省四平市铁西区郝光街张军路72号芬得机械制造有限公司。

3.4 货物资料：乙方完成交货时附上双方约定的记录货物相关事项的资料。

四、付款方式

4.1 设备运抵企业验收合格后付款。

4.2 合同生效后乙方安排将合同规定的货物发送到指定地点，现场验收合格且资料齐全，并将全额发票交付甲方。

五、违约责任

5.1 乙方如在接到甲方采购合同后2天内不回签给甲方，本合同自动作废。

5.2 合同生效后，除经双方友好协商且由书面协议外，任何一方不得擅自解除合同，若任何一方擅自不履行合同，承担一切后果。

购货方（甲方）北京绮梦纺织品有限公司　　　售货方（乙方）吉林四平芬得机械制造有限公司
法定代表人：冯瑞法　　　　　　　　　　　　法定代表人：李利平
开户银行及账号：中国建设银行北京市　　　　开户银行及账号：中国建设银行四平市
大兴区支行 41622124713376　　　　　　　　铁西区支行 41622124367546
电话：0434-63309892　　　　　　　　　　　电话：0434-74053164
2023年12月1日　　　　　　　　　　　　　　2023年12月1日

业务 45-2

委托运输协议

托运方：北京绮梦纺织品有限公司

承运方：捷诺达物流有限公司

经甲乙双方友好协商，就甲方缝纫机械运输事项达成合同条款如下。

一、责任和义务

托运方负责装卸，承运方予以协助。货物上车就位后，承运方负责核实货物数量及重量。承运方按时、安全地将货物送至托运方指定地点。运送时间由托运方提前一天通知承运方到现场装货，当天装货当天发车直接开往目的地。承运方必须出示身份证原件、行车执照原件，由托运方确认后，复印存档。

二、违约责任

承运方应在托运方约定的时间 2023 年 12 月 25 日内将上述货物安全无误地运至目的地，如未按时将货物送到，则每延期一天乙方承担货款 5% 的违约金。

三、运输地点和价格

由吉林省四平市铁西区郝光街张军路 72 号芬得机械制造有限公司运至北京大兴区刘玉街马月路 96 号绮梦纺织品有限公司；运输费人民币叁万元整（小写 ¥30,000.00），增值税贰仟柒佰元整（小写 ¥2 700.00）。

四、付款方式

设备运抵甲方验收后付款。

五、法律责任

承运方必须遵照国家有关法律执行本合同，如运输过程中违反相关法律，一切责任由承运方负责。

本合同在执行中发生纠纷，由当事人双方协商解决，协商不成，由北京朝阳区基层人民法院管辖。

本合同执行期内，甲、乙双方均不得随意变更或解除合同，合同如有未尽事宜，须经双方共同协商，作出补充规定，补充规定与本合同具有同等效力。本合同正本壹式贰份，甲、乙双方各执壹份，签字盖章后生效，本合同复印件有效。

甲方：北京绮梦纺织品有限公司　　　　　　乙方：捷诺达物流有限公司

甲方联系人：赵志伟　　　　　　　　　　　乙方联系人：杨振旭

联系电话：1334587****　　　　　　　　　联系电话：1863355****

　　　　　　　　　　　　　　　　　　　　驾驶证号：110101198003322****

　　　　　　　　　　　　　　　　　　　　车牌号：京 DBR657

　　　　　　　　　　　　　　　　　　　　　　　　　　　2023 年 12 月 12 日

业务 45-3

业务 45-4

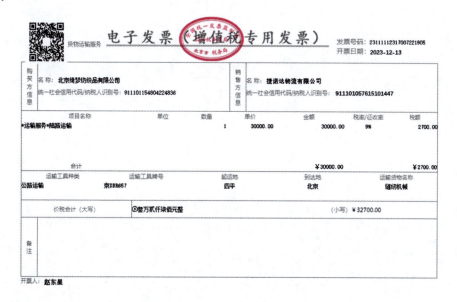

业务 45-5

付款申请书
2023年12月26日

用途及情况	金额	收款单位(人)：吉林四平芬得机械制造有限公司
支付设备款	¥226000.00	账号：41622124367546 开户行：中国建设银行四平市铁西区支行

金额（大写）合计：人民币贰拾贰万陆仟元整　结算方式：电汇

总经理：李杰　　财务部门 经理：　　业务部门 经理：王群忠
　　　　　　　　　　　 会计：刘宁　　　　　　 经办人：李津

业务 45-6

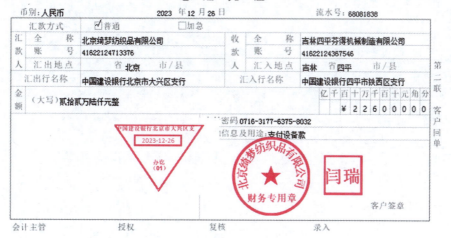

业务 45-7

业务 45-8

业务 45-9

北京绮梦纺织品有限公司固定资产验收单

年　　月　　日　　　　　　　　　　　　　　　　　　单位：元

资产编号		项目/设备名称			
规格（型号）		出厂日期		采购日期	
施工/供应厂商		合同编号		采购员	
计量单位及数量		单价（元）		金额（元）	
总价	买价	安装费	运杂费	包装费	其他	合计
预计使用年限		预计净残值率		计提折旧方法	
使用部门		用途		验收人员	
验收记录					
使用部门验收意见					
经办人					

第三联 记账联

会计：刘宁　　　　　　复核：钟国钊　　　　　　制表：王群忠

12 月 27 日

业务 46-1

销售单

购货单位：北京瑞庭酒店　　地址和电话：北京市东城区李靖街美梅路01号 010-35725583　　单据编号：XS039
纳税识别号：911101012834087627　　开户行及账号：中国建设银行北京市东城区支行 41622124406290　　制单日：2023-12-27

编码	产品名称	规格	单位	单价	数量	金额	备注
	*纺织品*单人床单		条	56.50	500	28250.00	含税价
	*纺织品*双人床单		条	90.40	500	45200.00	含税价
	*纺织品*单人床罩		条	113.00	500	56500.00	含税价
	*纺织品*双人床罩		条	180.80	500	90400.00	含税价
合计	人民币（大写）贰拾贰万零叁佰伍拾元整					¥220350.00	

销售经理：钟国钊　　经手人：赵爱东　　会计：刘宁　　签收人：

业务 46-2

销售出库单

单位名称：北京瑞庭　　　　　　出库日期：2023-12-27

序号	产品名称	规格	单位	数量	单价(含税)	金额（含税）	批号	产品质量
1	单人床单	1.5×2.5	条	500	56.50	28,250.00		
2	单人床罩	1.5×2.1	件	500	113.00	56,500.00		
3	双人床单	2.4×2.7	条	500	90.40	45,200.00		
4	双人床罩	2.0×2.3	件	500	180.80	90,400.00		
合计						¥220,350.00		

第三联 会计联

会计：刘宁　　　　　　复核：钟国钊　　　　　　制表：赵爱东

业务 46-3

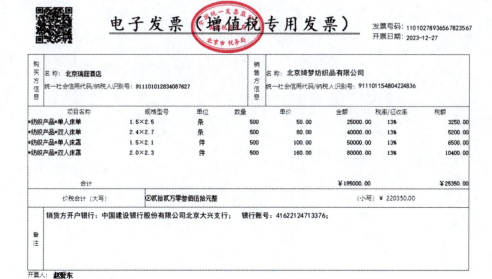

12 月 31 日

业务 47-1

北京绮梦纺织品有限公司工资结算明细表

2023 年 12 月 31 日

工资项目		基本工资	奖金	应付工资	养老保险	医疗保险	略	扣款合计	实发工资
生产部人员	单人床单生产工人	28,800.00		28,800.00	2,304.00	576.00		2,880.00	25,920.00
	双人床单生产工人	60,750.00		60,750.00	4,860.00	1,215.00		6,075.00	54,675.00
	车间管理人员	20,800.00		20,800.00	1,664.00	416.00		2,080.00	18,720.00
行政管理人员		23,680.00		23,680.00	1,894.40	473.60		2,368.00	21,312.00
销售部人员		20,850.00		20,850.00	1,668.00	417.00		2,085.00	18,765.00
合计		154,880.00		154,880.00	12,390.40	3,097.60		15,488.00	139,392.00

会计：刘宁　　　　　复核：肖丽华　　　　　制表：胡颖

业务 48-1

北京绮梦纺织品有限公司固定资产计提折旧计提表（简易）

2023 年 12 月 31 日

使用部门	应借科目	月折旧率（%）	月折旧额
基本生产部门	制造费用	（略）	35,900.00
管理部门	管理费用		3,480.00
销售部门	销售费用		2,520.00
经营出租	其他业务成本		2,100.00
合计			45,000.00

会计：朱胜利　　　　　复核：朱胜利　　　　　制表：刘宁

第三联记账联

业务 49-1

北京绮梦纺织品有限公司现金盘点报告表

年　月　日　　　　　金额单位：元

币别	实存金额	账存金额	对比结果		备注
			盘盈	盘亏	

会计　　　　　复核　　　　　制表

记账联

业务 49-2

关于财产清查结果的处理意见

财务部：

你部上报的财产清查结果情况，经研究决定做出如下处理意见：

1. 现金短缺 10 元，经批准列入管理费用。
2. 今后加强责任心，做好现金管理工作。

总经理：李杰

2023 年 12 月 31 日

业务 50-1

北京绮梦纺织品有限公司制造费用分配表

年　月　日　　　　　金额单位：元

分配对象	分配标准	分配率	分配金额
合计			

会计　　　　　复核　　　　　制表

第三联记账联

业务 51-1

产品产量明细表

2023-12-31

单位：元

生产部门	产品	月初在产品数量	本月投产产品数量	本月完工产品数量	月末在产品数量	投料率	期末在产品完工率
生产车间	单人床单	800	3000	3000	800	100%	50%
生产车间	双人床单	0	3000	3000	0	100%	50%

审核：朱胜利　　　　　　　　　　编制：刘宇

业务 51-2

北京绮梦纺织品有限公司产成品计算单

产品名称：单人床单　　　　　年　月　日　　　　　金额单位：元

项目	直接材料	直接人工	制造费用	合计
月初在产品成本				
本月生产费用				
生产费用合计				
月末完工产品成本				
本月完工产品数量				
单位完工产品成本				
月末在产品成本	12,800.00	3,840.00	2,560.00	19,200.00

第三联 记账联

会计　　　　　　　复核　　　　　　　制表

业务 51-3

北京绮梦纺织品有限公司产成品计算单

产品名称：双人床单　　　　　年　月　日　　　　　金额单位：元

项目	直接材料	直接人工	制造费用	合计
月初在产品成本				
本月生产费用				
生产费用合计				
月末完工产品成本				
本月完工产品数量				
单位完工产品成本				
月末在产品成本				

第三联 记账联

会计　　　　　　　复核　　　　　　　制表

业务 52-1

北京绮梦纺织品有限公司销售成本计算表

年　　月　　日　　　　　　　　　　　　金额单位：元

名称及规格	计量单位	数量	单位生产成本	销售总成本
合计				

第三联记账联

　　会计　　　　　　　　复核　　　　　　　　制表

业务 53-1

北京绮梦纺织品有限公司增值税本月发生额汇总表

年　　月　　日　　　　　　　　　　　　金额单位：元

业务发生日期	销项税额	业务发生日期	进项税额	余额
合计				

第三联记账联

　　会计　　　　　　　　复核　　　　　　　　制表

业务 53-2

北京绮梦纺织品有限公司应交增值税计算表

年　　月　　日　　　　　　　　　　　　金额单位：元

项目	金额
销项税额	
进项税额	
进项税额转出	
上期留抵税额	
应纳税额	
（略）	
应纳税额合计	

第三联记账联

　　会计　　　　　　　　复核　　　　　　　　制表

业务 54-1

北京绮梦纺织品有限公司税金及附加计算表

　　　　　　　　　　年　　　月　　　日　　　　　　　金额单位：元

项目	计税依据	适用税率	税额	备注
城市维护建设税				
教育费附加				
合计				

　　会计　　　　　　　　　复核　　　　　　　　制表

第三联记账联

业务 55-1

北京绮梦纺织品有限公司收益类账户本月发生额汇总表

　　　　　　　　　　年　　　月　　　日　　　　　　　金额单位：元

收益类账户	金额
合计	

　　会计　　　　　　　　　复核　　　　　　　　制表

第三联记账联

业务 56-1

北京绮梦纺织品有限公司费用支出类账户本月发生额汇总表

　　　　　　　　　　年　　　月　　　日　　　　　　　金额单位：元

费用支出类账户	金额
合计	

　　会计　　　　　　　　　复核　　　　　　　　制表

第三联记账联

业务 57-1

北京绮梦纺织品有限公司所得税计算表（简表）

年　　月　　日　　　　　　　　　　　　　金额单位：元

项目	金额
税前会计利润	
所得税税率	
本期应交所得税	
合计	

会计　　　　　　　复核　　　　　　　制表

第三联 记账联

业务 58-1

北京绮梦纺织品有限公司利润分配——未分配利润结转计算表

年　　月　　日　　　　　　　　　　　　　金额单位：元

会计科目名称	本年利润年末余额		转入未分配利润	
	借方	贷方	借方	贷方
本年利润			—	—
利润分配——未分配利润	—	—		
合计				

会计　　　　　　　复核　　　　　　　制表

第三联 记账联

业务 59-1

北京绮梦纺织品有限公司利润分配计算表

年　　月　　日　　　　　　　　　　　　　金额单位：元

利润分配项目	分配比例	金额	备注
提取法定盈余公积			
合计			

会计　　　　　　　复核　　　　　　　制表

第三联 记账联

业务 60-1

北京绮梦纺织品有限公司利润分配——未分配利润结账计算表

年　　月　　日　　　　　　　　　　　　　金额单位：元

项目	转入未分配利润借方发生额	已分配利润借方发生额
利润分配——未分配利润		
利润分配——提取法定盈余公积	—	
合计		

第三联　记账联

会计　　　　　　　　复核　　　　　　　　制表

附：银行对账单

中国建设银行北京市大兴区支行活期存款对账单

单位：北京绮梦纺织品有限公司　　　　2023-12-31　　　　账号：41622124713376

单位：元

序号	交易日期	凭证种类	凭证号	摘要	对方户名	借方发生额	贷方发生额	余额	交易流水号
001	2023-12-1	网银		转入	品嘉园股份		100000.00	600150.00	(略)
002	2023-12-1	现金支票	6522	转出	北京绮梦	10000.00		590150.00	(略)
003	2023-12-2	电汇		转出	华鑫布业	11300.00		578850.00	(略)
004	2023-12-3	转账支票	6947	转入	新凯合酒店		200000.00	778850.00	(略)
005	2023-12-3	转账支票	1700	转出	文达设计	53000.00		725850.00	(略)
006	2023-12-3	转账支票	1701	转出	加加纺织	113000.00		612850.00	(略)
007	2023-12-5	转账支票	1702	转出	天健会计	3180.00		609670.00	(略)
008	2023-12-7	银行汇票	3887	转入	星港酒店		81360.00	691030.00	(略)
009	2023-12-10	转账支票	1703	转出	恒兴办公	618.00		690412.00	(略)
010	2023-12-10	转账支票	1704	转出	北京市红十字会	10000.00		680412.00	(略)
011	2023-12-10	网银		工资		215200.00		465212.00	(略)
012	2023-12-11	现金支票	6525	转出	北京绮梦	3000.00		462212.00	(略)
013	2023-12-12	转账支票	9546	转入	卡罗服饰		11300.00	473512.00	(略)
014	2023-12-15	其他		税金	北京市支库经受处	61600.00		411912.00	(略)
015	2023-12-16	转账支票	1705	转出	加加纺织	40000.00		371912.00	(略)
016	2023-12-16	转账支票	1706	转出	捷港达物流	2180.00		369732.00	(略)
017	2023-12-18	银行汇票	3611	转入	鸿来客酒店		81900.00	451632.00	(略)
018	2023-12-19	网银		转入	七天酒店		20000.00	471632.00	(略)
019	2023-12-19	电汇		转出	华鑫布业	30000.00		441632.00	(略)
020	2023-12-20			利息			3262.50	438369.50	(略)
021	2023-12-22	电汇		转出	华鑫布业	34370.00		403999.50	(略)
022	2023-12-23	转账支票	6528	转入	致凯销售		73450.00	477449.50	(略)
023	2023-12-24	转账支票	1707	转出	平安保险	12720.00		464729.50	(略)
024	2023-12-25	其他		利息			145.00	464874.50	(略)
025	2023-12-25	网银		转出	北京水务	872.00		464002.50	(略)
026	2023-12-25	网银		转出	北京电力	2260.00		461742.50	(略)
027	2023-12-26	电汇		转入	琉庭酒店		150000.00	611742.50	(略)
028	2023-12-30	委托收款		转出	北京联通	13346.70		598396.00	(略)

打印时间：2023-12-31 15:37:56　　打印机构：41622124713376　　打印柜员：1153057657打印卡号：27039172320457

项目七

基础会计综合模拟实训（信息化）

知识目标

1. 了解实训企业的会计信息化实施基本情况。
2. 熟悉实训企业的会计制度。
3. 掌握有关税收的最新政策。
4. 掌握企业会计准则的最新修订内容。

能力目标

1. 能够按照实训要求完成会计软件系统的初始化工作。
2. 能按照实训要求在会计软件中完成日常业务处理。
3. 能够完成实训企业期末业务的处理。
4. 能够对会计电子档案进行保管。

素质目标

1. 培养学生提高技能的职业素养。
2. 培养学生分析问题、解决问题的能力。
3. 培养学生团队协作意识。

【实训目的】

1. 掌握基础设置的内容和方法。
2. 系统学习总账的初始化、日常业务处理的主要内容和操作方法。
3. 掌握出纳管理的内容和处理方法。

4. 熟悉期末业务的内容和处理方法。

5. 了解资产负债表、利润表的编制方法和步骤。

【实训要求】

1. 建立账套。
2. 设置操作员，进行权限分配。
3. 录入部门、职员、客户、供应商等档案。
4. 设置凭证类别和结算方式等系统参数。
5. 编辑会计科目。
6. 录入期初余额。
7. 对系统数据进行备份。
8. 填制记账凭证。
9. 修改和审核记账凭证。
10. 记账。
11. 设置自动生成转账凭证。
12. 自动生成转账凭证并审核记账。
13. 对账和结账。
14. 创建资产负债表和利润表。

综合实训期初信息化初始设置资料

一、建账

1. 账套信息

账套号：101

账套名称：北京绮梦纺织品有限公司

启用日期：2023-12-01

会计期间设置：2023 年 01 月 01 日—2023 年 12 月 31 日

单位名称：北京绮梦纺织品有限公司

单位简称：绮梦纺织

地址：北京市大兴区刘玉街马月路 96 号 010-63309892

法定代表人（董事长）：闫瑞

企业增值税类型：一般纳税人

社会信用代码：911101154804224836
企业基本户开户行：中国建设银行北京市大兴区支行 41622124713376

2. 核算类型

本币代码：RMB
本币名称：人民币
企业类型：工业
行业性质：新会计准则；要求采用系统默认编码方案

3. 分类编码方案

会计科目编码级次：4-2-2-2-2；其余采用系统默认编码方案

4. 数据精度

对存货单价的小数位保留 2 位，对存货数量小数位保留整数

5. 立即启用总账

启用时间为 2023 年 12 月 1 日

二、财务人员及其权限

系统管理员：admin，具有系统管理权限。
账套主管（001）：朱胜利，具有账套管理权限，拥有本账套的全部权限。
会计（002）：本人姓名，具有总账、报表模块的全部权限。
出纳（003）：苏建朝，具有出纳管理权限。
重点提示：为保证系统安全，明确划分职责，每个操作员自行设置密码并且不要告知他人。
以账套主管身份设置公共信息。

（一）公共信息设置

1. 设置部门档案

部门档案

部门编码	部门名称	部门属性	部门负责人
1	办公室	管理部门	肖丽华
2	财务部	管理部门	朱胜利
3	采购部	管理部门	王群忠
4	销售部	销售部门	钟国钊
5	生产车间	基本生产部门	吴鹏英
6	仓储部	管理部门	赵志伟

2. 设置职员档案

职员档案

职员编码	职员姓名	所属部门	状态
101	闫瑞	办公室	在职
102	李杰	办公室	在职
103	肖丽华	办公室	在职
201	朱胜利	财务部	在职
202	本人姓名	财务部	在职
203	苏建朝	财务部	在职
3	王群忠	采购部	在职
4	钟国钊	销售部	在职
5	吴鹏英	生产车间	在职
6	赵志伟	仓储部	在职

3. 增加客户档案

客户档案

客户编码	客户名称	客户简称
01	北京瑞庭酒店有限公司	瑞庭酒店
02	哈尔滨新凯合酒店有限公司	新凯合酒店
03	天津市和平酒店有限公司	和平酒店
04	常来客酒店有限公司	常来客酒店
05	星络酒店有限公司	星络酒店
06	北京和源有限公司	北京和源
07	劲凯销售有限公司	劲凯销售
08	七天酒店有限公司	七天酒店

4. 增加供应商档案

供应商档案

供应商编码	供应商名称	供应商简称
01	加加纺织有限公司	加加纺织
02	华鑫布业纺织有限公司	华鑫布业
03	众邦维修服务有限公司	众邦维修
04	捷诺达物流有限公司	捷诺达物流
05	中国平安保险有限公司	平安保险
06	国家电网北京电力集团有限公司	北京电力
07	北京市水务集体有限公司	北京水务

5. 设置结算方式

结算方式

结算方式编码	结算方式名称	票据管理
1	汇兑	否
2	支票	否
201	现金支票	是
202	转账支票	是
3	银行汇票	是
4	网银	否
5	其他	否

6. 设置凭证类型

凭证类型

类型	限制类型	限制科目
记账凭证	无	无

7. 设置项目目录

项目目录

项目设置步骤	设置内容
项目大类	生产成本
核算科目	直接材料（50010101）
	直接人工（50010102）
	制造费用（50010103）
项目分类	1．纺织品
项目名称	001．单人床单（纺织品类）
	002．双人床单（纺织品类）
	003．单人床罩（纺织品类）
	004．双人床罩（纺织品类）
	005．枕套（纺织品类）

8. 设置总账系统参数

参数设置

选项卡	参数设置
凭证	不许修改、作废他人填制的凭证
	出纳凭证需经出纳签字
	赤字控制全部科目
其他	单价小数位设为2位；其他采用默认值
	部门、个人、项目编码方式排序

重点提示：
（1）此处所列职员档案和部门档案仅列举与软件操作有关的部分。
（2）客户档案和供应商档案可在日常经济业务中根据需要随时增加。
（3）项目目录主要用于生产成本按产品类别核算。

（二）根据需要增加、修改科目

1. 需要增加的科目

科目代码	科目名称	方向	辅助账类别	计量单位
100201	建行存款	借	日记账	
140301	2.4米棉布	借	数量核算	米
140302	3.0米棉布	借	数量核算	米
140501	单人床单	借	数量核算	条
140502	双人床单	借	数量核算	条
140503	单人床罩	借	数量核算	件
140504	双人床罩	借	数量核算	件
140505	枕套	借	条	件
222101	应交增值税	贷		
22210101	进项税额	借		
22210105	销项税额	贷		
22210106	转出未交增值税	贷		
222102	未交增值税	贷		
222106	应交企业所得税	贷		
222108	应交城市维护建设税	贷		
222113	应交教育费附加	贷		
221101	工资	贷		
221102	职工福利费	贷		
410101	富丽雅有限公司	贷		
410102	品嘉园有限公司	贷		
410301	法定盈余公积	贷		
410401	提取法定盈余公积	贷		
410405	未分配利润	贷		
660101	工资	借	部门核算	
660102	广告费	借	部门核算	
660103	运输费	借	部门核算	

续表

科目代码	科目名称	方向	辅助账类别	计量单位
660104	折旧费	借	部门核算	
660105	水电费	借	部门核算	
660106	其他	借	部门核算	
660201	工资	借	部门核算	
660202	差旅费	借	部门核算	
660203	办公费	借	部门核算	
660204	折旧费	借	部门核算	
660205	业务招待费	借	部门核算	
660206	咨询鉴证费	借	部门核算	
660207	水电费	借	部门核算	
660208	其他	借	部门核算	
660301	利息	借		
5001			生产成本	
500101	单人床单	借	项目核算	
50010101	直接材料	借		
50010102	直接人工	借		
50010103	制造费用	借		
500102	双人床单	借	项目核算	
50010201	直接材料	借		
50010202	直接人工	借		
50010203	制造费用	借		
510101	人工费	借		
510102	折旧费	借		
510103	办公费	借		
510104	水电费	借		
510105	其他	借		

2. 需要修改的科目

科目代码	科目名称	修改内容	
		辅助账类型	受控系统
1122	应收账款	客户往来	取消
1123	预付账款	供应商往来	取消
2201	应付账款	供应商往来	取消
2203	预收账款	客户往来	取消
1221	其他应收款	个人往来	

（三）2023年12月账户发生额及期初余额

（1）损益类账户1～11月份累计发生额（略）。

（2）12月初总账账户余额（资料见项目六）。

（3）12月初日记账明细账户余额。

总账科目	日记账及明细账科目	账户余额	
	借方		贷方
应收账款	北京瑞庭酒店	200,000.00	
	新凯合酒店	220,000.00	
	天津和平酒店		
	北京和源有限公司	100,000.00	
其他应收款	闫瑞	17,000.00	
	赵爱东		
	李杰		
在途物质		20,000.00	
预付账款	嘉利布业纺织有限公司		
	中国康平保险有限公司		
原材料	2.4米棉布	数量18000米	180,000.00
	3.0米棉布	数量7800米	105,300.00
库存商品	单人床单	数量1000条	32,000.00
	双人床单	数量1000条	67,500.00
	单人床罩	数量2500件	160,000.00
	双人床罩	数量2500件	283,500.00
	枕套	数量3000件	20,250.00

续表

总账科目	日记账及明细账科目	账户余额	
	借方	贷方	
应付职工薪酬	工资	215,200.00	
应付账款	众邦维修		39,000.00
	加加纺织		170,000.00
其他应付款	质量保证金		17,825.00
预收账款	常来客酒店		65,000.00
	七天酒店		
应交税费	应交增值税 – 进项税额		
	应交增值税 – 销销项税额		
	应交增值税 – 转出未交增值税		
	未交增值税		56,000.00
	应交城建税		3,920.00
	应交教育费附加		1,680.00
	应交所得税		
生产成本	单人床单（800 条）	19,200.00	
	其中：直接材料	12,800.00	
	直接人工	3,840.00	
	制造费用	2,560.00	
	双人床单		

（4）12月初辅助科目余额。

会计科目：1122 应收账款　　　　　　　　　　　　　　　借方余额：52,000 元

日期	客户	摘要	方向	余额（元）
2023-9-5	北京瑞庭	销售商品	借	200,000
2023-10-10	新凯合	销售商品	借	220,000
2023-4-9	北京和源	销售商品	借	100,000

会计科目：2202 应付账款　　　　　　　　　　　　　　　　　　贷方余额：209,000 元

日期	供应商	摘要	方向	余额（元）
2023-9-18	加加纺织	采购材料	贷	170,000
2023-11-11	众邦维修	设备维修	贷	39,000

会计科目：2203 预收账款　　　　　　　　　　　　　　　　　　贷方余额：65,000 元

日期	客户	摘要	方向	余额（元）
2023-11-5	常来客	预收	贷	65,000

会计科目：1221 其他应收款　　　　　　　　　　　　　　　　　　借方余额：17,000 元

日期	部门	个人	摘要	方向	余额（元）
2023-11-20	办公室	闫瑞	差旅费	借	17,000

综合实训信息化日常业务处理

【操作要求】

根据手工资料部分，以 002 操作员的身份进行填制凭证、查询凭证、查询账簿额处理；以 003 的身份进项出纳签字业务的处理及银行存款余额表的编制；以 001 的身份进行审核凭证、对账、记账及账簿查询的操作；以 001 的身份进行结账操作。

综合实训信息化报表编制

（1）进入报表模块，修改相关参数，利用报表模板生成资产负债表，并以"本人姓名＋资产负债表"命名保存。

（1）进入报表模块，修改相关参数，利用报表模板生成利润表，并以"本人姓名＋利润表"命名保存。

参 考 文 献

[1] 中华人民共和国财政部.企业会计准则（2022年版）[M].上海：立信出版社，2021.
[2] 财政部会计资格评价中心.初级会计实务（2023年）[M].北京：经济科学出版社，2022.
[3] 平准.会计基础工作规范[M].北京：人民邮电出版社，2018.
[4] 金延梅.会计综合实训（实操版）（第三版）[M].北京：中国财政经济出版社，2021.
[5] 王炜，季学芳.基础会计模拟实训（第五版）[M].北京：高等教育出版社，2021.